WOLFGANG POEPLAU

Den Weg der Meister gehen

WOLFGANG POEPLAU

Den Weg der Meister gehen

Jesus und Buddha als Lebensbegleiter

Kösel

Umschlag: 2005 Werbung, München
Umschlagmotiv: gettyimages
Druck und Bindung: Pustet, Regensburg
Printed in Germany
ISBN-10: 3-466-36715-8
ISBN-13: 978-3-466-36715-3

Gedruckt auf umweltfreundlich hergestelltem Werkdruckpapier (säurefrei und chlorfrei gebleicht)

www.koesel.de

Inhalt

Jesus und Buddha

Die Wege der Meister

»Einen Einzigen gibt es,
der den Gedanken eingeben könnte,
ihn in die Nähe Jesu zu rücken: Buddha.
Dieser Mann bildet
ein großes Geheimnis. Er steht in einer
erschreckenden, fast übermenschlichen Freiheit;
zugleich hat er dabei eine Güte,
mächtig wie eine Weltkraft.
Vielleicht wird Buddha der Letzte sein,
mit dem das Christentum sich auseinander zu setzen hat.«

Romano Guardini

Dieses Zitat stammt aus dem Jahre 1937. Geschrieben hat es ein katholischer Theologe, der gewiss nicht im Verdacht steht, esoterisches oder synkretistisches Gedankengut zu vertreten. Romano Guardini fährt fort: »Vielleicht hat Christus nicht nur einen Vorläufer aus dem Alten Testament gehabt, Johannes, den letzten Propheten, sondern auch einen aus dem Herzen der antiken Kultur, Sokrates, und einen dritten, der das letzte Wort östlich-religiöser Erkenntnis und Überwindung gesprochen hat, Buddha.«

Jesus und Buddha – auf der einen Seite »Gott« und die Bergpredigt, auf der anderen Seite das »Nirwana« und die Predigt von Benares. Unterschiedliche Welten, Werte und Kulturen.

Christentum und Buddhismus sprechen verschiedene Sprachen, der Lebensweg ihrer Begründer ist unterschiedlich, doch Essenz und Praxis ihrer spirituellen Wege sind enger verbunden, als wir vermuten. Die klaren und einfachen Worte fesseln uns, verblüffend sind die Parallelen ihrer Lebensweisheit. Nicht Weltflucht, sondern solidarisches Hineingehen in die Welt und zu den Menschen – das ist ihre Botschaft an uns. Wer sich mit dem Leben und Wirken der beiden Religionsstifter befasst, wird erfahren, wie sehr Jesus und Buddha »Brüder« sind – Meister und Wegweiser auf der Suche nach Spiritualität und Lebenssinn.

Lange wurde gestritten, ob Buddha – im Gegensatz zu Jesus – überhaupt gelebt habe oder nur eine literarische Gestalt sei, ist doch sein Leben von vielen Legenden umgeben. »Als ich noch jung und dunkelhaarig war, ließ ich mir gegen den Willen meiner weinenden und klagenden Eltern Haar und Bart scheren, zog ein gelbes Mönchsgewand an und ging aus dem Hause in die Heimatlosigkeit«, berichtet er über sich selbst im 26. Sutra. Wahrscheinlich wurde er 563 vor Christus in der Gangesebene geboren. Seine Vaterstadt Kapilavatthu lag am Fuß des Himalaya, in der Nähe des heutigen Patna. Als Sohn eines Stammesfürsten genoss Gautama eine gehobene Bildung und Erziehung. Doch er fand – so berichtet die Legende – wenig Gefallen an dem Leben eines reichen Adeligen. Nur zu genau sah bei seinen Spazierfahrten in die Stadt und in die Umgebung soziales Elend, Krankheit und Tod. Die Ärmsten der Armen wohnten vor den Toren Kapilavatthus in Laub- und Erdhöhlen; sie verdienten sich ihre Reisration durch Brennholzsammeln oder Grasschneiden in den Gärten der Reichen. Gautama traf unter den Armen aber auch verwahrlost aussehende, doch oftmals feinsinnige und intellektuelle Mönche und Asketen, deren Denk- und Lebensweise ihn faszinierte.

Mit 29 Jahren verließ er Frau und Kind, um als Wandermönch die Suche nach Wahrheit und Erleuchtung aufzunehmen. Er schloss sich unterschiedlichen Lehrern an, vertiefte sich in komplizierte philosophische Systeme und probierte absonderliche Yogatechniken. Zusammen mit fünf Gefährten hauste er sechs Jahre hungernd und meditierend im Wald von Uruvela. Doch zur Erleuchtung kam er dadurch nicht. Stattdessen richtete er sich körperlich zugrunde. Völlig abgemagert und erschöpft, am Ende aller Hoffnung, gab er seinem Leben schließlich eine radikale Wende: Er begann wieder normal zu essen, was seine Gefährten so irritierte, dass sie ihn enttäuscht verließen. Doch Gautama spürte, dass er auf dem richtigen Weg war. Nicht extreme Pfade bringen den Menschen weiter, sondern der »mittlere Weg«. Eines Abends machte er unter einem Feigenbaum in der Nähe von Gaya Rast. Da beschloss er, so lange in der Meditationshaltung zu verharren, bis er zu einer Erleuchtung gelangt sei. Die Legende berichtet, dass er sich in der ersten Nachtwache an seine früheren Existenzen erinnerte, in der zweiten die Ursache für den Kreislauf von Geburt und Tod erkannte und schließlich bei Tagesanbruch den Weg gefunden hatte, diesen Kreislauf zu durchbrechen. Aus Gautama war »Buddha« geworden, »der völlig Erwachte«. Dieses Attribut wurde später nicht nur ihm, sondern vielen buddhistischen Mönchen zugeordnet, die Erleuchtung erfahren hatten und damit zur »Buddhaschaft« gelangt waren.

Buddha eilte zu seinen ehemaligen Gefährten nach Benares, um ihnen die »Vier Edlen Wahrheiten« zu verkünden: »Hört, ihr Mönche: Alles Dasein ist leidvoll. Geburt ist Leid, Altern ist Leid, Tod ist Leid; leidvoll ist auch, mit Unliebem vereint oder von Liebem getrennt zu sein und das nicht erlangen zu können, was man wünscht.

Das Leiden entsteht durch den Durst (Trishna) nach Befriedigung der Sinne, durch den Durst nach Leben und den Durst nach Vernichtung des Lebens.

Die Aufhebung des Leidens ist möglich durch das gänzliche Vernichten des Begehrens.

Der Weg zur Aufhebung des Leidens ist der Achtfache Pfad: rechtes Sehen, rechter Entschluss, rechte Rede, rechtes Verhalten, rechte Lebensführung, rechte

Anstrengung, rechte Achtsamkeit, rechte Meditation. Das ist, ihr Mönche, die heilige Wahrheit von dem Weg, der zur Vernichtung des Leidens führt.«

Bis zum heutigen Tag sind diese Worte der Kern der buddhistischen Botschaft, unabhängig davon, mit welcher religiösen Richtung wir es zu tun haben.

Die Schüler Buddhas hatten drei Hauptgebote einzuhalten: auf jede Form von Eigentum zu verzichten, kein lebendiges Wesen zu verletzen und ehelos zu leben. Damit unterschieden sie sich wenig von anderen Mönchen und Asketen jener Zeit. In den kühleren Wintermonaten zogen sie von Dorf zu Dorf und erbettelten eine Schale mit Reis oder Gemüse. Während der Regenzeit von Mai bis September bauten sie Laubhütten oder fanden in Mönchsheimen Aufnahme. Buddha verkündete die Lehre jedem, der sie hören wollte: Reichen und Armen, Königen und Bettlern, Intellektuellen und einfachen Arbeitern. Schon zu Lebzeiten dürfte seine Anhängerschaft einige Tausend Mönche umfasst haben.

Jesus – ein neuer Buddha?

Jesus war kein Asket oder Wandermönch. Zwar berichtet die Schrift, er sei in die Wüste gegangen, um zu fasten, doch diese Episode wurde nachträglich an den Beginn seines öffentlichen Wirkens gesetzt. Jesus wurde so in die Tradition der Propheten des Alten Testaments gestellt, die die Wüste als Ort der Meditation und Gottesbegegnung aufsuchten. Anders als Johannes der Täufer, der in einem Gewand aus Kamelhaar herumlief und sich von »Heuschrecken und wildem Honig« (Mt 3,4) ernährte, unterschied sich Jesus in seinem äußeren Erscheinungsbild wohl kaum von anderen Juden. Jesus wählte wie Buddha die Heimatlosigkeit, aber seine Jünger gingen nicht betteln. Wahrscheinlich erfuhr die Gruppe finanzielle Unterstützung durch wohlhabende Familien (siehe Lk 8,1–3). Die Evangelisten berichten mehrfach, dass Jesus und seine Jünger zum Essen eingeladen wurden. Dem strengen Fasten, wie es in frommen jüdischen Kreisen üblich war, schloss sich Jesus nicht an, was seine Gegner dazu veranlasste, ihn als »Fresser und Säufer« zu beschimpfen (Lk 7,34).

Ähnlich wie Buddha, der seine Kaste verließ, um sich als »Klassenloser« an Menschen aus allen sozialen Schichten zu wenden, findet man unter den Anhängern Jesu pro-römische Zollpächter und anti-römische Zeloten, biedere Handwerker und »sündige Frauen«, religiöse Eiferer und skeptische Randgläubige. Jesus weist keinen zurück, macht keinen Unterschied zwischen arm und reich, Jude und Nichtjude, Landsmann oder Ausländer. Niemand wird abgestempelt oder diskriminiert. Jesus zeigt sich als einer, der frei mit den Menschen umgehen kann, ohne Vorurteile, ohne Berührungsängste, aber auch ohne Anbiederung. Der Kreis um ihn ist offen; Jesus kapselt sich mit seinen Anhängern nicht ab wie die fromme Gemeinde der Essener, er wendet sich nicht wie ein Rabbi ausschließlich an seine Schüler, sondern an alle Menschen. Jesus lässt sich nicht auf haarspalterische Dispute über religiöse Fragen ein. Er will nicht zum Richter werden und auch nicht die kasuistische Lehrmethode der rabbinischen Schulen übernehmen. Stattdessen zeigt er in seinem Verhalten und in seiner Lehrweise eine methodische Freiheit und Kreativität, die seine Zuhörer (und uns) verblüfft. Immer ist seine Rede auf eine ganz konkrete Situation bezogen. Wo es um abstrakte Probleme oder philosophische Spitzfindigkeiten geht, bringt er das Thema auf eine anschauliche Ebene. Er *zeigt* den Menschen, was der Weg ist, er beschreibt ihn nicht.

Auch Buddhas Predigten – obwohl durch die Jahrhunderte ergänzt und fantasievoll ausgeschmückt – sind im Kern konkret und anschaulich. Buddha benutzt wie Jesus mit Vorliebe Gleichnisse. Der Pali-Kanon kennt mehr als 800 davon, wobei die Natur und die Tiere, aber auch Handwerk und Gewerbe eine wichtige Rolle spielen. Buddha zeigt sich als jemand, der seine Zuhörer durch praktische Beispiele zur Einsicht führt; er will kein spekulatives Gedankengebäude errichten, keine metaphysischen Probleme klären, auch nicht die leidvolle Welt beklagen, sondern den direkten Weg weisen, »Welt« und »Ich« zu überwinden. Im 63. Sutra heißt es: »Wenn ein Mann von einem vergifteten Pfeil getroffen wird und man ihn zum Arzt bringt, was würde wohl geschehen, wenn der Verletzte sagte: Ich will meine Wunde nicht behandeln lassen, ohne dass ich weiß, wer auf mich geschossen hat, aus welcher Familie er kam, ob er groß oder klein war und aus welchem Holz der Bogen war. Bevor diese Fragen beantwortet wären, würde der Mann an seinen Verletzungen sterben.«

Die Krankheit verlangt den Arzt, nicht den Philosophen. Es ist bezeichnend, dass Buddha die Struktur der Vier Edlen Wahrheiten vom methodischen Vorgehen der indischen Medizin ableitet: Er fragt nach der Art der Krankheit, nach ihrer Ursache, dem Weg zur Therapie und schließlich nach dem geeigneten Heilmittel. Er spricht wie ein Arzt die Wahrheit aus, auch wenn sie schmerzt. Als ihn der Großgrundbesitzer Nakulapitar zum Essen einlädt und mit den Worten »Na, was sagst du, sehe ich nicht prächtig aus?« begrüßt, antwortet Buddha: »Wahr ist, dass du einen Körper hast, der anfällig, gebrechlich und dem Tod verfallen ist. Wer dennoch glaubt, er sei kerngesund, der macht sich etwas vor.«

Über viele Fragen schweigt Buddha. Sie stehen für ihn nicht zur Debatte. Ob es Gott gibt oder nicht, ob die Welt ewig ist oder nicht, was nach dem Tode kommt – all diese Probleme mögen zwar existieren, aber Buddha erklärt: »Sie sind nichts als Theoriengestrüpp, Denksport und Ideenakrobatik. Sie machen den Menschen nicht frei vom Geborenwerden, Altern, Sterben, von Jammer, Schmerz und Verzweiflung.« (2. Sutra)

Buddha konnte wahrscheinlich weder lesen noch schreiben. Auch seine Schüler hinterließen keine schriftlichen Zeugnisse. Seine Reden (Sutras) wurden auswendig gelernt und mündlich weitergegeben. Sie beginnen deshalb stets mit der Formel: »So habe ich es gehört ...« Erst im 1. Jahrhundert vor Christus wurden die verschiedenen Überlieferungen auf der Insel Ceylon im so genannten Pali-Kanon zusammengeführt und schriftlich fixiert. In ihrem Bemühen, die Worte des Meisters buchstabengetreu aufzuzeichnen, gingen die Mönche sogar so weit, grammatikalische Fehler aus der mündlichen Überlieferung zu übernehmen. Eine zweite Schriftfassung der buddhistischen Lehre entstand mit dem tibetanisch/chinesischen Sanskrit- Kanon.

In der Phase der Ausbreitung des Buddhismus über ganz Asien bildeten sich verschiedene Richtungen und Schulen, die sich den sozialen und ethnischen Gegebenheiten der verschiedenen Länder anpassten –

eine Form der »Inkulturation«, die das Christentum erst zweitausend Jahre später entwickelte. Während die Glaubensrichtung des Hinayana (kleines Fahrzeug), die wir heute vor allem in Ceylon, Kambodscha, Laos, Vietnam und Thailand antreffen, die Nachfolge Buddhas nur im strengen Mönchstum verwirklicht sah, bot das Mahayana (großes Fahrzeug) einen Erlösungsweg für alle Menschen, unabhängig von ihrem Stand und ihrer Bildung. Der Mensch sei in der Regel nicht fähig, aus sich selbst heraus den Weg zur Befreiung zu gehen. Es genüge deshalb, Zuflucht zu Buddha zu nehmen und sich seiner Barmherzigkeit anzuvertrauen, um im Paradies wieder geboren zu werden, wie es beispielsweise die »Lehre vom Reinen Land« verkündet. Unter solchen Vorzeichen wurde der Buddhismus zur Massenreligion in Nepal, China und Japan. Daneben entstanden zahlreiche Sonderformen, wie etwa der tantrische Buddhismus in den Himalaya-Staaten.

Im 1. Jahrhundert nach Christus kam der Buddhismus nach China, wo er die Lehre des Taoismus aufgriff und bald zur beherrschenden religiösen und kulturellen Kraft des Landes wurde. Mitte des 7. Jahrhunderts brachten Mönche von China aus die Lehre Buddhas nach Japan; doch erst im 12. Jahrhundert begann dort unter den großen Meistern Eisai und Dogen die Blütezeit des Zen-Buddhismus.

Buddhismus und Christentum

Immer wieder ist der Versuch unternommen worden, eine Beeinflussung des Christentums durch die buddhistische Lehre nachzuweisen, die immerhin 500 Jahre vor Christi Geburt entstand. Wir wissen wenig darüber, ob indische Philosophie oder der Buddhismus im Altertum bis in den Kulturkreis der Mittelmeerländer vordrangen. Sicher ist, dass Alexander der Große, der bei seinen Eroberungszügen 325 vor Christus den Indus erreichte, einen kulturellen Austausch mit Indien einleitete. Um 250 vor Christus tauchten vermutlich buddhistische Mönche in Syrien, Ägypten und Mazedonien auf, offenbar ausgesandt von dem indischen Kaiser Asoka, einem glühenden Buddhaverehrer. Alexandria, der große Mittelmeerhafen der Antike, war nicht nur ein wichtiger Umschlagplatz für Waren, sondern auch für Ideen und Weltanschauungen. Hier hielten sich um Christi Geburt indische Asketen und Mönche auf, wobei unklar ist, ob unter ihnen Buddhisten waren. Die Meinung mancher Forscher, dass zumindest das christliche Mönchsideal von der indischen Geisteswelt beeinflusst wurde, ist nicht von der Hand zu weisen. Die ersten christlichen Missionare, die nach Indien und China kamen, waren überrascht von der Ähnlichkeit der buddhistischen Mönchsorden mit ihren eigenen Traditionen.

Auch im Neuen Testament ist nach buddhistischen Motiven geforscht worden. Da gibt es zum Beispiel die seltsame Geschichte von der Berufung des Natanaël im Johannesevangelium. Philippus kommt zu ihm und sagt: Wir haben den Messias gefunden! Aber Natanaël ist skeptisch: Kann aus Nazaret etwas Gutes kommen? Immerhin, er begibt sich zu Jesus, und als dieser ihn kommen sieht, ruft er aus: »Schon bevor dich Philippus rief, habe ich dich unter dem Feigenbaum gesehen.« (Joh 1,45) Hat dieser Feigenbaum, so fragen Buddhismusforscher, vielleicht etwas mit jenem Feigenbaum zu tun, unter dem Buddha erleuchtet wurde und der deshalb als »Bodhi«-Baum (Erleuchtungsbaum) verehrt wurde?

Ein anderes Beispiel ist die Geschichte von Petrus, der über das Wasser geht. Es gibt eine parallele buddhistische Legende. Es heißt, ein Buddha-Anhänger habe im Vertrauen auf die Lehre einen reißenden Strom zu Fuß überquert. In der Mitte seien ihm jedoch Zweifel gekommen, und er wäre beinahe ertrunken, wenn Buddha ihm nicht zur Hilfe geeilt wäre.

So weit die Parallelen, die sich noch vermehren ließen bis hin zu Spekulationen, Jesus habe seine Jugendzeit in Indien verbracht und sei nach seiner Kreuzigung heimlich gerettet worden und mit seiner Mutter dorthin zurückgekehrt. Anzunehmen ist, dass Kontakte zwischen der indischen und der europäischen Geisteswelt bestanden und dass Beeinflussungen nur natürlich wären. In keinem einzigen Fall lässt sich dies jedoch exakt nachweisen. Und so ist viel wahrscheinlicher, dass die teilweise verblüffenden Ähnlichkeiten zwischen Jesus und Buddha eher in der Tatsache begründet liegen, dass sich um Heilige immer Legenden bilden, die ähnliche Inhalte aufweisen – übernatürliche Geburt, Versuchungen durch den Teufel, Hellsehen, Wunder usw. Ein Beispiel für den Hang zu nachträglicher Stilisierung ist die Erscheinung des auferstandenen Christus »vor mehr als 500 Brüdern zugleich«, von der Paulus im ersten Korintherbrief berichtet. Das erinnert an die kurz nach dem Tode Buddhas zusammengerufene »Versammlung der fünfhundert Zeugen« in einer Höhle bei Rajagaha, bei welcher der ins Nirwana eingegangene Buddha – so die Legende – im Geiste anwesend war.

Es geht in diesem Buch nicht darum, religionsphilosophische Vergleiche zu ziehen, metaphysische Probleme zu klären oder ein Gesamtbild von Christentum und Buddhismus zu entwerfen. Vielmehr möchte ich mit Blick auf die Fragen der Menschheit, die zum größten Teil einfache Alltagsfragen sind, Unterschiede und Gemeinsamkeiten aufzeigen. Gerade die Konfrontation des Christentums mit anderen Religionen lässt die Besonderheiten und Probleme der eigenen Glaubensüberzeugung hervortreten und führt mitunter zu überraschenden Einsichten und Erkenntnissen.

Niemand kann den Weg Buddhas oder Jesu gehen, der nicht bereit ist, sein Leben radikal zu ändern. Das

»Wie« zeigen uns die Meister. Ihre Lehrmethoden sind vergleichbar: Jesus und Buddha stellen ihre Schüler nicht vor abstrakte Probleme, sondern sprechen in konkrete Situationen hinein. Sie kleiden ihre Lehre in anschauliche Beispiele und Gleichnisse, die auf unmittelbare Einsicht und Bewusstseinsveränderung beim Zuhörer zielen. Wie sie ihre Botschaft verkündeten, wie sie mit ihren Schülern umgingen, zeigt, dass sie eine charismatische Ausstrahlung besaßen und – um den buddhistischen Begriff anzuwenden – »Erleuchtete« waren. Unwissenheit, Egoismus und Selbsttäuschung zu überwinden, ist der Anfang jedes Heilsweges.

»Die Wahrheit ist dem Menschen zumutbar«, sagte die Dichterin Ingeborg Bachmann 1959 in ihrer Dankesrede zur Verleihung des Hörspielpreises der Kriegsblinden. »Wer, wenn nicht diejenigen, die ein schweres Los getroffen hat, könnte besser bezeugen, dass unsere Kraft weiter reicht als unser Unglück, dass man, um vieles beraubt, sich zu erheben weiß, dass man enttäuscht, und das heißt, ohne Täuschung zu leben vermag.«[1]

Bejahung oder Verneinung?

Der Weg zur Welt

Als der Erhabene auf dem Geierberg weilte,
hob er eine Blume empor und zeigte sie den
versammelten Mönchen.
Alle schwiegen. Nur Kashyapa lächelte.
Der Erhabene sprach:
»Ich habe das wahre Weisheits-Auge,
die alles durchdringende Lehre,
eine besondere Überlieferung
außerhalb der Schriften.
Ich vertraue sie dem großen Kashyapa an.«

Mumonkan, das 6. Koan

Als Jesus vorüberging,
richtete Johannes seinen Blick auf ihn und sagte:
»Seht, das Lamm Gottes!«
Zwei seiner Jünger hörten, was er sagte,
und folgten Jesus. Jesus aber wandte sich um,
und als er sah, dass sie ihm folgten,
fragte er sie: »Was wollt ihr?«
Sie sagten zu ihm: »Rabbi, Meister,
wo wohnst du?« Er antwortete:
»Kommt und seht.«

Johannes 1,36–39

Die Weitergabe einer Lehre erfolgt in allen Religionsgemeinschaften nach bestimmten Regeln und Traditionen. Im Judentum waren zur Zeit Jesu die wichtigsten Ämter im Tempel, im Hohen Rat und in den Gemeinden mit Angehörigen des Priesteradels besetzt. Wer Schriftgelehrter werden wollte, musste vierzig Jahre alt sein, eine Ausbildung bei einem anerkannten Rabbi absolviert haben und durch Handauflegung geweiht werden. Diese Voraussetzungen erfüllte Jesus nicht. Er war kein Schriftgelehrter, auch wenn er mitunter höflich als »Rabbi« angeredet wurde. Denn wie ein Rabbi versammelte er Schüler um sich und rief Menschen in seine Nachfolge, was übrigens ganz wörtlich verstanden werden kann, weil es Brauch war, dass die Schüler ihrem Lehrer im Gänsemarsch folgten.

Buddha steht in der Tradition der hinduistischen Brahmanenpriester. Auch er sammelt und unterweist seine Schüler durch Predigten und Lehrgespräche. In einer solchen Situation treffen wir ihn auf dem Geierberg bei Rajagaha an. Alles scheint wie an einem gewöhnlichen Tag zu sein. Der Meister setzt sich nieder, seine Schüler warten auf seine Worte. Aber an diesem Tag sagt Buddha nichts, sondern pflückt eine Blume und zeigt sie den Schülern, als wolle er naiv fragen: »Was haben wir denn hier?« Einige Legenden berichten, es habe sich um eine kostbare Lotusblume gehandelt, die Buddha von einem Fürsten geschenkt worden sei. Im Hinduismus ist die als heilig angesehene Lotosblume ein Sinnbild für das Universum. Sie wächst aus einem schlammigen Teich hervor und entfaltet ihre strahlend weißen Blüten: ein Symbol der Reinheit. Ob Lotus- oder Butterblume – die Schüler sind verwirrt. Was soll das, fragen sie sich, worauf will er hinaus? Nur Kashyapa lächelt. Und Buddha vertraut ihm, so heißt es in der chinesischen Zen-Chronik, die Weitergabe seiner Lehre an.

Im Zen-Buddhismus kommt dieser Erzählung besondere Bedeutung zu, weil Buddhas Wort von der »Überlieferung außerhalb der Schriften« die historische Rechtfertigung des Zen-Buddhismus in China und Japan darstellt. Die Forschung hat gezeigt, dass dieser Satz in den ursprünglichen Text eingefügt und zudem zur Verdeutlichung des Gesagten ergänzt wurde: »... nicht abhängig von Worten und Schriftzeichen, unmittelbar auf des Menschen Herz zielend.« Das ist in der Tat die Essenz des Zen-Buddhismus. Nicht das Studium der heiligen Schriften, das Rezitieren von Sutras oder philosophische Gedanken führen den Menschen zur Erleuchtung, sondern die »Geist-zu-Geist«-Übertragung vom Lehrer auf den Schüler. Das darf nicht so verstanden werden, als werde hier konkretes Wissen weitergegeben, so wie man einem katholischen Schüler einen Katechismus in die Hand drückt. Wissen und Weisheit sind für Buddhisten kein Besitz, den man mit sich führen und wie einen Gegenstand herzeigen und weiterreichen kann, sondern eine dynamische »Bewegung des Geistes«, ein Ereignis zwischen Menschen.

Während der klassische Hinayana-Buddhismus auf einen langsamen, stufenweisen Prozess der geistigen Reifung und eine »ruhige« Erleuchtung setzt – Vorbild ist die Erleuchtung Buddhas unter dem Feigenbaum – , betont der chinesisch/japanische Buddhismus die Plötzlichkeit der Erleuchtung (Satori), die oft mit einem Blitzstrahl verglichen wird. Als Hilfsmittel zur Erreichung von Satori dient in der Soto-Schule in erster Linie das Sitzen in der Meditationshaltung (Zazen), während die Rinzai-Schule zusätzlich die Koan-Technik verwendet.

»Koan« ist ein Wort aus der T'ang Dynastie und bedeutet wörtlich »Gesetzesverordnung«. Gemeint war damit ein Rechtsfall, der Richtern als Präzedenzfall diente. Später verstand man darunter das prüfende Gespräch zwischen Schüler und Lehrer, das Auskunft gibt über die Fortschritte des Übenden. Ein Koan ist weder ein Rätsel, noch ein Witz, auch wenn es bei westlichen Lesern mitunter Kopfschütteln auslöst. Ein typisches und berühmtes Koan ist »Chao-chous Hund«. Sein Wortlaut: Ein Mönch fragte den Chao-chou: »Hat ein Hund das Wesen Buddhas?« Chao-chou rief: »Mu!«

Es gibt in der Literatur etwa 1700 Koans. Martin Buber hat auf die Ähnlichkeit vieler Koans mit chassidischen Geschichten aus dem osteuropäischen Judentum hingewiesen. Und in der Tat gibt es dort ein ähnlich intensives Lehrer-Schüler-Verhältnis, das sich meist in kurzen, tiefgründigen Wortwechseln spiegelt.

Buddha zeigt eine Blume

Das Koan »Buddha zeigt eine Blume« finden wir in der berühmten Koan-Sammlung Mumonkan, die vielen Mönchen zur Übung aufgegeben wird. Warum lächelt Kashyapa? Was bedeutet dieses Lächeln? Was hat sich hier ohne Worte zwischen Meister und Schüler abgespielt? Es hat wenig Sinn, diese Fragen mit logischen Überlegungen anzugehen, so wie man ein Rätsel zu lösen versucht. Denn wäre Zen nur ein Rätsel oder ein intellektuelles Spiel, so könnte man durch Nachdenken die Lösung finden und dürfte sich rühmen, erleuchtet zu sein. »Ein Problem nur mit Denken lösen zu wollen, das wäre wie eine Laterne im Sonnenschein anzuzünden«, sagt ein chinesisches Sprichwort. Das Licht einer Laterne verblasst bei Tage; ihre Leuchtkraft könnte nichts erhellen, was nicht bereits sichtbar wäre.

Kashyapa antwortet deshalb auch nicht mit Worten, sondern mit einem Lächeln, also mit einer emotionalen Äußerung, die indirekt auf eine geistige Einsicht schließen lässt. Buddha erkennt, dass Kashyapa ihn verstanden hat und vertraut ihm die Weitergabe der

Lehre an. Das ist die klassische Form der »Berufung« im Buddhismus.

Die Berufung der Jünger Jesu vollzieht sich auf andere, aber ähnlich ungewöhnliche Weise. Jesus kommt an den See von Gennesaret und spricht einige Fischer an; er trifft einen Zollpächter in seinem Haus, und dieser lässt alles stehen und liegen und folgt ihm nach. Die Beispiele ließen sich vermehren. Nirgends lesen wir, dass Jesus eine lange Rede gehalten hätte oder einen theologischen Vortrag. Es muss also an der Art und Weise gelegen haben, wie er auf die Menschen zuging, wie er sie ansprach, sie anlächelte, welche Wirkung von seiner Person ausging. Da kommt ein Mensch, der nicht wie ein Asket oder ein Bußprediger aussieht und dennoch jeden in seinen Bann zieht. »Wer bist du, dass du so zu uns sprichst?«, fragen sie Jesus nach einem apokryphen Text (Logion 43)[2]. Auch die Jünger Johannes des Täufers sind erstaunt. Sie gehen Jesus nach, wollen mehr über ihn wissen: »Herr, wo wohnst du?« Vielleicht stellen sie diese Frage, weil es üblich war, dass ein Rabbi seine Schüler in einem Haus und nicht auf freiem Feld unterwies. Jesus sagt nur drei Worte: »Kommt und *seht.*« Damit kann nicht gemeint sein: »Kommt nach Nazaret und schaut euch an, wo ich wohne.«

Welches *Sehen* ist hier gemeint?

Gewöhnlich beurteilen wir eine Situation »nach dem Augenschein«; wir schauen hin und nehmen Eindrücke auf, wir steuern Autos und Maschinen mithilfe unserer Augen, wir halten Ausschau, »sehen fern«. Dieses Sehen ist oberflächlich, reicht im Alltag aber völlig aus. Daneben gibt es ein *Sehen*, das unter die Oberfläche der Dinge schauen will, den Grund erkennen, »einsehen«. Dieses *Sehen* ist keine Sache des Auges und seiner physikalischen Sehkraft. »Die Menschen züchten fünftausend Rosen in ein und demselben Garten«, sagt Saint-Exupérys kleiner Prinz, »und doch finden sie dort nicht, was sie suchen. Dabei kann man das, was sie suchen, in einer einzigen Rose finden. Aber die Augen sind blind. Man muss mit dem Herzen suchen.«

Wir nähern uns der Blume, die Buddha empor hält. Blumen sind ein Symbol für Schönheit und Vergänglichkeit, für das Leben schlechthin. »Wie Blumen sind wir auf Erden«, beginnt ein aztekischer Gesang, »nur für einen Augenblick blühen wir auf und müssen vergehen. Die Blumen sind fröhlich, mich dagegen umfängt Trauer.« Nach welchen Gesetzen existiert eine Blume, welcher Lehre folgt sie, an welchen Gott glaubt sie? Nun gut, könnte man sagen, sie folgt den Naturgesetzen, und in der Natur ist die Handschrift des Schöpfergottes ebenso zu finden wie in jedem Lebewesen. Buddhas Geste ist jedoch kein Hinweis auf eine pantheistische Weltanschauung. Im Gegenteil: Die Äußerung des Zen-Meisters Mumon (1183–1260) über Menschen, die aus Buddhas Lehre eine solche Haltung ableiten, ist drastisch: »Sie gleichen Gespenstern, deren Geist in Bäumen und Pflanzen spukt.«

Buddhas Anliegen ist das »rechte Sehen«, das im Achtfachen Pfad als erste Bedingung zur Erkenntnis genannt wird. Gemeint ist die nüchterne Betrachtung der Wirklichkeit und der Daseinsfaktoren. Buddha schaut die Dinge an und vermutet in ihnen keinen Hinweis auf eine »höhere« Wirklichkeit, keine Transzendenz. Alle Dinge sind das, was sie sind; sie verbergen nichts. Man soll nichts in sie hineingeheimnissen, aber sie auch nicht als inhaltsleere Formen gering schätzen.

Das rechte Sehen

»Wie kann ich mit meinen Augen sehen, ohne getäuscht zu werden?«, fragt ein Mönch den Zen-Meister Hsiang-nien (925–992). Die Antwort: »Der Winter naht.« Das erscheint auf den ersten Blick unsinnig und keine Antwort auf die Frage des Mönches. Schauen wir also genauer hin und denken uns in die Situation hinein: Die Szene spielt in einem chinesischen Bergkloster, das inmitten von Wäldern liegt. Es ist Herbst und die Bäume haben ihr Laub abgeworfen. Eiskalter Wind fegt durch die kahlen Zweige. Die Mönche in der Meditationshalle frieren. Niemand würde im Ernst behaupten, der Winter nahe nicht heran. Alle Zeichen der Natur sprechen dafür, nicht einmal ein Blinder könnte es leugnen. Nur der Mönch ist nicht zufrieden. Er vermutet hinter der Antwort des Meisters einen tiefgründigen Sinn, eine geheime Botschaft. »Was bedeutet das im Letzten: Der Winter naht?«, fragt er nach. Die Antwort des Meisters: »Und dann kommt der warme Frühlingswind.« Es geht um eine einfache Erfahrung, die jedem zugänglich ist: Eins geht unmerklich aus dem anderen hervor – nach dem Winter kommt der Frühling. So ist der Lauf der Welt. Wissenschaftliche Gründe dafür zu finden ist eine reizvolle Aufgabe, aber führt nicht zum Kern. Meteorologen können zwar erklären, warum nach dem Winter der Frühling kommt, aber sie wissen so wenig wie jeder andere Mensch, warum es überhaupt Frühling, Sommer, Herbst und Winter gibt. Und dass am 20. März der Frühling beginnt, ist zwar eine terminliche Festlegung, hat aber wenig mit der von uns erlebten Wetterwirklichkeit zu tun.

Das Koan hat noch einen zweiten Aspekt: Der Winter war die Zeit, in der sich die Mönche zu besonders intensiven Meditationsübungen trafen. Das hatte formal damit zu tun, dass in China und Japan während der Wintermonate Feldarbeit oder ein Wanderleben kaum möglich war. Besonders die abgelegenen Bergklöster waren durch hohen Schnee oft von der Außenwelt abgeschnitten. Man nutzte die Zeit zu geistlichen Übungen. Der berühmte Abt Nansen belehrte seine Schüler während der Winterexerzitien mit folgenden Worten: »Viele eifrige und ehrenwerte Mönche haben in dieser Halle die Lehre des erhabenen Shakyamuni (Buddha) vernommen. Viele von ihnen haben durch strenge Übung ihren Geist geöffnet und so Erleuchtung erlangt. Aber was hat ihnen das genutzt? Sind sie nicht alle gestorben und liegen unter dem Moos? Was also erwartet ihr hier? Wer sagt euch, dass es irgendetwas gibt, das der Mühe wert ist, die ihr auf euch nehmt? – Lasst euch weder durch Zweifel noch durch falsche Gewissheit vom Weg abbringen. Hört nur auf die Stimme in eurem Innersten! Selbst im tiefsten Winter wachsen die Jungen im Inneren der Tiere und unter der hart gefrorenen Erde keimen die neuen Samen. Lasst euch nicht beirren! Wir werden den Buddha im Frühling sehen!«

Der Winter ist keine Zeit des Stillstandes. Obwohl die Erde schneebedeckt ist, keimen die Samen, und die Tiere sind schwanger mit dem Nachwuchs, der im Frühjahr das Licht der Welt erblicken wird. Diese Naturvorgänge überträgt Nansen bildhaft auf die geistige Entwicklung der Mönche. Unter der hart gefrorenen Oberfläche des Bewusstseins entsteht etwas Neues, das zum Durchbruch gelangen will.

Natur und Wissenschaft

Unser modernes, wissenschaftlich geprägtes Denken neigt zur Zerstückelung. Der Untersuchungsgegenstand wird in seine Bestandteile zerlegt, analysiert und katalogisiert. Unser Geist dagegen nimmt die Welt anders wahr: Wenn wir einen Baum betrachten, sehen wir den ganzen Baum und nicht zuerst einzelne Blätter, Blüten oder Äste. Und wenn ein Vogel fliegt, machen wir uns keine Gedanken über die Anordnung seiner Federn, das Zusammenspiel seiner Muskeln und Gelenke. Wir sehen seinen Flug und erfreuen uns daran. Diese »ganzheitliche« Sehweise ist es, um die es Buddha geht. Ein Zen-Meister hat es einmal so ausgedrückt: »Wenn ihr versteht, sind die Dinge so, *wie* sie sind. Wenn ihr nicht versteht, sind die Dinge nur das, *was* sie sind.«

Und ein zweiter Meister erinnert sich: »Bevor ich dreißig Jahre Zen studierte, hielt ich Berge für Berge und Wasser für Wasser. Als ich tieferes Wissen erlangte, kam ich zu einem Punkt, wo Berge keine Berge mehr waren und Wasser kein Wasser. Alles wurde mir fragwürdig, mein Herz geriet in Unruhe. Jetzt aber, wo sich mein inneres Auge geöffnet hat, habe ich Frieden gefunden. Ich sehe Berge wieder wie Berge und Wasser wieder wie Wasser.«

Das ist genau der Prozess, den wir alle durchlaufen: Als Kinder nehmen wir die Welt wahr, wie sie ist. Wir hinterfragen sie nicht, sondern leben in ihr wie ein

Fisch im Wasser. Wir »begreifen« sie mit unseren Händen, mit unseren Augen, mit allen Sinnen. Wenn wir erwachsen werden, betrachten wir die Welt mit dem Verstand und mit kritischem Blick. Vieles wird fragwürdig. Was ist hinter den Dingen? Wie ist der Kosmos entstanden? Gibt es einen Gott? So oder so werden wir eine Antwort zu finden versuchen: im Glauben oder im Unglauben, im Zweifel oder in der Zuversicht – und gelangen so zu einer »Welt-Anschauung«, die Fragen und Widersprüche auflöst. Allerdings werden wir nie wieder zu der Unschuld unseres kindlichen »Begreifens« zurückkehren können, weil wir eben jenen unausweichlichen Prozess des »Sehen-Lernens« durchlaufen haben, der unser Bewusstsein nachhaltig prägt.

Die Natur ist der Schoß des Lebens, aus dem alles hervorgeht; sie nährt alle Lebewesen, ist voll Schönheit und Anmut. Aber sie bringt auch Katastrophen und Hungersnöte, Erdbeben und Überschwemmungen, Krankheit und Tod über die Menschen. Zu leben und mitten in der Welt zu wohnen heißt, den Naturgesetzen unterworfen zu sein. Jesus steht in der Tradition des jüdischen Denkens, das keinen Gegensatz zwischen Mensch und Natur, Geist und Materie, Erde und Himmelreich kennt. In Jesus wird das Vertrauen eines Menschen in die Schöpfung sichtbar. Er weist auf die Blumen des Feldes, die heute prächtig gedeihen und morgen schon verdorrt sind. Man kann nicht nur auf ihre Schönheit schauen und ihr Ende verdrängen. Wer das eine bejaht, muss auch das andere annehmen. Blumen sind auch ein Zeichen der Liebe.

Jesus betrachtet die Wirklichkeit mit nüchternem Blick. Er kennt den Alltag der kleinen Leute, er weiß um Ungerechtigkeit und soziale Not. Sein täglicher Umgang mit Kranken und Schwachen, mit Aussätzigen und Ausgestoßenen lässt keinen Platz für schöne Sprüche. »Das Aussehen der Erde und des Himmels wisst ihr zu deuten«, sagt Jesus. »Warum könnt ihr dann die Zeichen dieser Zeit nicht deuten?« (Lk 12,56) Die Menschen sind zum Handeln aufgefordert, zum Heilen der Verwundeten, zum Aufrichten der Geknickten, zur Befreiung der Geknechteten. In den Worten der Bergpredigt zeigt sich die unzerstörbare Zuversicht, dass Unrecht und Gewalt, Friedlosigkeit und Hass nicht das letzte Wort behalten werden. Die Welt wird nicht von selbst zum Paradies, sie bedarf der Bewahrung und Erinnerung an den ursprünglichen Willen des Schöpfers.

»Meister, wo wohnst du?«, fragen die Jünger. Jesus wohnte bei den Menschen. Er wohnte mitten in unserer Welt. Er bejahte das Leben, aber er verneinte das Unrecht und jede Form des Sich-Abfindens mit einer ungerechten und lieblosen Umwelt. »Kommt und seht« heißt: Öffnet euer inneres Auge, betrachtet alles mit den Maßstäben der Liebe, der Menschlichkeit, der Gerechtigkeit. Dann werdet ihr von selbst erkennen, was getan werden muss und ich brauche euch nichts zu lehren.

Mehr hat auch Buddha nicht zu sagen. Er zeigt die Blume und Kashyapa lächelt. »Gut verkündet ist die Lehre vom Erhabenen, damit sie wirkt«, heißt es im 7. Sutra. »Kommt und seht! Sie führt zum Ziel, hier im Leben, nicht erst jenseits.«

Wenn wir die Welt mit dem Herzen betrachten und mit Kashyapa lächeln können, wissen wir, welche Weisheit hier übergeben wird: Leben ist Bejahung – und zwar in so radikaler Weise, dass nicht eine Handbreit Verneinung Platz hat. »Ein Kind achtet nicht auf die Hässlichkeit seiner Mutter«, heißt es in einem Kommentar zu unserem Koan vom rechten Sehen. Wer die Welt in ihrer Erbärmlichkeit und Großartigkeit betrachtet, der kann nicht anders, als sie anzunehmen und zu lieben wie ein Kind. Und so beginnt Glaube.

Haben wir das Koan nun verstanden? Nein, denn wir haben viele Worte gemacht und unseren Verstand angestrengt. Das Wesen des Zen-Buddhismus ist jedoch lebendige Erfahrung und nicht »Denksport«. Wir stehen vor einem Dilemma: Um über Zen zu sprechen, müssen wir zwangsläufig unsere Sprache und unseren Verstand einsetzen. Eine Erleuchtungserfahrung, wie Kashyapa sie machte, vollzieht sich dagegen auf einer nicht-sprachlichen, nicht-gedanklichen Ebene – »unmittelbar auf das Herz zielend«. Und so fragt uns auch Jesus nicht: »Weißt du?« sondern »Glaubst du?«.

Umkehr oder Wiedergeburt?

Der Weg zur Selbstwerdung

»Obwohl ich selbst dem Gesetz von Geburt, Altern,
Krankheit und Sterben, von Sorgen und Fehlern unterlag,
erkannte ich das Nachteilige darin und strebte
nach dem, was diesem Gesetz nicht unterliegt,
nach dem höchsten Frieden, nach dem Nirwana,
und fand es. Da erkannte ich und sah:
Gesichert ist meine Befreiung, dies ist mein letztes Leben,
eine Wiedergeburt wird es nicht mehr geben.«

26. Sutra

Jesus sprach zu Nikodemus:
»Wenn jemand nicht von neuem geboren wird,
kann er das Reich Gottes nicht sehen.«
Nikodemus entgegnete ihm: »Wie kann ein Mensch,
der schon alt ist, geboren werden? Er kann doch nicht
in den Schoß seiner Mutter zurückkehren und ein
zweites Mal geboren werden.« Jesus antwortete:
»Wenn jemand nicht aus Wasser und Geist geboren
wird, kann er nicht in das Reich Gottes kommen.
Was aus dem Fleisch geboren ist, das ist Fleisch;
was aber aus dem Geist geboren ist, das ist Geist.
Wundere dich nicht, dass ich dir sagte:
Ihr müsst von neuem geboren werden.«

vgl. Johannes 3,7ff.

Die Szene ist nicht ohne Reiz. Mitten in der Nacht kommt ein hochrangiger Vertreter des Judentums, der Pharisäer Nikodemus, zu Jesus, um mit ihm zu diskutieren. Der Evangelist Johannes verrät uns nicht, wer Zeuge dieser Begegnung war. Man darf also Zweifel anmelden, ob das nachfolgende Gespräch tatsächlich so stattgefunden hat. Nikodemus scheint Probleme zu haben, Jesus in der Öffentlichkeit zu begegnen. Er kommt heimlich, in der Nacht. Vielleicht ist diese »Nacht« ein Symbol für seine seelische Verfassung, für seine Zweifel, seine Suche nach Wahrheit. Das Gespräch nimmt einen eigenartigen Verlauf. Nikodemus versucht herauszufinden, für wen Jesus sich selbst hält. Er sagt: »Wir wissen, du bist ein Lehrer des Volkes, den Gott gesandt hat, denn ohne Gottes Hilfe könntest du keine Wunderzeichen wirken.« Jesus antwortet mit einem Satz, der Nikodemus sofort darauf hinweist, dass Wunderzeichen nicht entscheidend sind, sondern Glaube: »Wenn jemand nicht von neuem geboren wird, kann er das Reich Gottes nicht sehen.« Nikodemus fragt erstaunt: »Wie kann jemand wie ich, der schon alt ist, neu geboren werden? Er kann doch nicht in den Schoß seiner Mutter zurückkehren.« Jesus erkennt das Missverständnis und entgegnet: »Wenn jemand nicht aus Wasser und Geist geboren wird, kann er nicht in das Reich Gottes kommen.«

Wasser ist in allen Kulturen von elementarer Bedeutung und Symbolkraft. Ohne Wasser kein Wachstum, kein Leben für Mensch, Tier und Pflanze. Wasser hat reinigende, heilende Wirkung. Es löst und verbindet, ist formlos und weich, aber stärker als Stein. Es gestaltet Landschaften und zerstört sie wieder, es schenkt Fruchtbarkeit und Leben, aber bringt auch Tod und Untergang. In vielen Schöpfungsmythen ist Wasser der Urstoff, aus dem die Welt entsteht. Auch der biblische Schöpfungsbericht beginnt: »Finsternis lag über der Urflut, und Gottes Geist schwebte über dem Wasser.« Wortgewaltiger und anschaulicher ist die Übersetzung von Martin Buber: »Finsternis über Urwirbels Antlitz, Braus Gottes schwingend über dem Antlitz der Wasser.« Was in der interkonfessionellen Einheitsübersetzung der Bibel farblos »Urflut« genannt wird, ist kein still ruhender See, sondern ein gewaltiges, brausendes Chaos, ohne Gegensätze von oben und unten, hell und dunkel, Vergangenheit und Zukunft. Geist und Wasser bilden ein dynamisches Ganzes, aus dem »Welt« und »Leben« entsteht.

Ist etwas von diesem lebendig machenden Wasser noch in der Welt? Diese Frage haben sich die Menschen oft gestellt; sie ist Inhalt von Mythen, Märchen und Legenden. Alexander der Große, so berichtet die Sage, sei bis an die lichtlosen, nebelerfüllten Randzonen der Erde vorgedrungen, um das »Wasser des Lebens« zu suchen – eine Quelle, in die unterzutauchen unsterblich machen sollte. »Wasser des Lebens« – auch Jesus spricht davon, als er eine Frau am Jakobsbrunnen von Sichem trifft. Jesus sagt ihr: »Wer von diesem Wasser trinkt, wird wieder Durst bekommen; wer aber von dem Wasser trinkt, das ich ihm geben werde, wird niemals mehr Durst haben; vielmehr wird das Wasser, das ich ihm gebe, in ihm zur sprudelnden Quelle werden, deren Wasser ewiges Leben schenkt.« (Joh 4,13f.)

Der Durst nach Leben

Wenn es diese Wunderquelle, dieses »Wasser des Lebens« irgendwo auf Erden gäbe, wir würden alle dorthin gehen; kein Weg, keine Anstrengung wäre zu groß. Denn wir alle verlangen nach Leben, mehr noch: nach einem Leben in Fülle. Jeder Mensch verspürt diesen Durst, versucht ihn auf alle möglichen Weisen zu befriedigen. Für Buddha ist der Durst nach Leben (Trishna) die Hauptursache und der Anfang allen Leidens. Denn so viel wir auch trinken, unser Verlangen erlischt nicht. Vielmehr wird der Durst nach (mehr) Leben zum An-Trieb für unser Handeln.

Der Hinduismus, in dessen Tradition Buddha steht, geht davon aus, dass die Summe der guten und schlechten Taten des Menschen (Karma) über seine spätere Existenz entscheidet. Nach dem Tod verlässt die Seele des Menschen den Körper, um in neuer Gestalt reinkarniert zu werden. Abhängig von seinem

Karma wird jeder Mensch im Pflanzen-, Tier- oder Menschenreich wiedergeboren. Diese Vorstellung einer »Seelenwanderung«, die man auch in anderen Kulturen findet, gab eine Antwort auf das Problem der ausgleichenden Gerechtigkeit, der Vergeltung von Gut und Böse, über das die Menschheit immer schon nachgedacht hat. Das Fatale der Karmatheorie ist jedoch, dass der Mensch auf Grund seines Lebensdurstes, seiner Unwissenheit und seiner charakterlichen Schwächen kaum in der Lage ist, sich so zu verhalten, dass eine Wiedergeburt in einer höheren Daseinsform gesichert erscheint. Erst durch eine endlose Kette von Läuterungen und Wiedergeburten kann er nach hinduistischer Lehre ins Nirwana gelangen.

Buddha löst sich radikal von diesen Vorstellungen. Wenn es richtig wäre, dass jede Tat des Menschen zwangsläufig Karma erzeugt – so folgert er logisch –, müsse es ja genügen, nichts zu tun, um zur Vollendung zu gelangen. Jeder Mensch ist aber schon durch seine physische Existenz dazu verurteilt, etwas zu tun, zum Beispiel sich Nahrung zu verschaffen. Buddha lehrt deshalb, dass nur jene Taten gutes oder schlechtes Karma erzeugen, die der Mensch willentlich vollzieht. Nicht die Tat selbst, sondern die Tatabsicht ist entscheidend.

Auch für die Juden gab es einen Zusammenhang zwischen den Taten eines Menschen und dem Schicksal seiner Nachkommen. Adam, der Gottes Gebot bricht und vom Baum der Erkenntnis isst, wird aus dem Paradies, aus der Nähe Gottes, verbannt. Seine Sünde »vererbt« sich als Schuld auf seine Kinder und Kindeskinder. Beim Evangelisten Johannes lesen wir, dass Jesus einem Mann begegnete, der von Geburt an blind war. Die Jünger fragen Jesus: »Rabbi, wer hat hier gesündigt? Er selbst? Oder haben seine Eltern gesündigt, sodass er blind geboren wurde?« Jesus antwortete: »Weder er noch seine Eltern haben gesündigt, sondern das Wirken Gottes soll an ihm offenbar werden.« (Joh 9,1ff.)

Jesus lehnt die Vorstellung von einem Automatismus von Sünde und Bestrafung ab. Für ihn ist die innere Haltung des Menschen entscheidend: »Wer eine Frau auch nur lüstern ansieht, hat in seinem Herzen schon Ehebruch mit ihr begangen.« (Mt 5,28) »Wer seinem Bruder auch nur zürnt, soll dem Gericht verfallen.« (Mt 5,22) Das ist der Übergang von einer Gesetzes- zu einer Gesinnungsethik, die sich bereits in den Spätschriften des Alten Testamentes ankündigt.

Die alte Menschheitsfrage, ob das Gute und das Böse, das ein Mensch tut, ohne Folgen bleibt, beschäftigte auch Buddhas Schüler. Der Meister antwortet mit einer Überlegung, die an das physikalische Gesetz von Ursache und Wirkung anknüpft, zugleich aber den Gedanken einer Erbsünde verwirft: »Wenn dies ist, ist auch jenes. Wenn dieses entsteht, entsteht auch jenes. Wenn dies nicht ist, wird auch jenes nicht sein.« Anders gesagt: Alles, was entsteht, hat seine Ursache in dem, was war und Folgen für das, was sein wird. Man stelle sich Billardkugeln vor, die einander berühren und ihre Bewegungsenergie weitergeben; der Lauf der ersten Kugel bestimmt alle nachfolgenden Karambolagen auf dem Billardtisch, aber jede Kugel gibt nichts von ihrem »Wesen« an die nächste Kugel weiter, sie »vererbt« nichts, sie setzt nur etwas in Bewegung. Oder Bauklötze, mit denen ein Kind einen Turm errichtet: Die unteren Klötze tragen die oberen, ihr Vorhandensein ist Bedingung dafür, dass immer neue Klötze aufgetürmt werden können. Würde man unten einen Stein entfernen, bräche das ganze Gebäude zusammen. Letzteres bezweckt Buddha mit seiner Lehre: Den Turm zum Einsturz zu bringen, das Karmagesetz zu durchbrechen. Wenn der Lebensdurst als Ursache aller Taten versiegt, wird kein neues Karma mehr entstehen und das Rad der Wiedergeburten zum Stillstand gebracht. »Wenn das eine nicht entsteht, kann auch das andere nicht entstehen …«

Im 72. Sutra befragt der Philosoph Vacchagotta, ob ein Mönch, der das Erlöschen des Durstes erreicht habe, noch wiedergeboren werde. Buddha antwortet mit einem Gleichnis: »Eine Kerze brennt, solange die Flamme Nahrung findet. Was kann man aber über die Flamme sagen, wenn die Kerze abgebrannt ist? Kann man sagen, dass sie nach Norden oder Süden, nach Osten oder Westen gegangen ist? Nein, die Flamme ist verloschen, weil sie keinen Brennstoff mehr gefunden hat. So wird auch die Körperlichkeit eines Menschen aufgezehrt, der die Befreiung gefunden hat. Er ist tief, unermesslich, nicht zu fassen, wie das große Meer.«

Buddhas Lehre ist ein Weg zur Selbstbefreiung des Menschen. Nach seiner Lehre hat es jeder in der Hand, in das Rad des Karma zu greifen und es anzuhalten. Damit unterscheidet sich der Buddhismus deutlich vom Christentum, denn christlicher Glaube ist sich immer bewusst, dass »niemand zum Vater gelangen kann, der nicht gezogen wird.« Es ist nicht der Mensch, der sich aus Leid und Schuld befreit, es ist Gott, der ihn durch seine Gnade und den Opfertod seines Sohnes erlöst.

Gnostische Gedanken

Nikodemus wundert sich, dass Jesus von der Notwendigkeit spricht, neu geboren zu werden. Dem Judentum war die Vorstellung einer Wiedergeburt fremd. Und in der Tat ist dies ein Gedanke, den wir so nur im Johannesevangelium finden, dessen Schreiber von gnostischen Vorstellungen beeinflusst ist. »Gnosis« bedeutet »Erkenntnis«. Die alten Menschheitsfragen: »Wer bin ich, woher komme ich und wohin gehe ich?« versucht die gnostische Erkenntnislehre, die in der Spätantike in Kleinasien und im ganzen Mittelmeerraum verbreitet war, durch ein mystisches Weltmodell zu beantworten: Der Kosmos ist eine menschenfeindliche Macht, deren Gesetze böse sind und den Menschen zu vernichten drohen. Gott dagegen ist wie ein jenseitiges, ewiges Licht. Um zu diesem Licht zu gelangen, muss die menschliche Seele einen mühevollen Weg durch verschiedene Sphären zurücklegen. Das wahre Selbst des Menschen muss nach und nach von seinem »Ich« losgeschält werden, denn das Ich gaukelt dem Menschen nur die Schönheit der Welt vor, um ihn in der Diesseitigkeit gefangen zu halten. Jeder Mensch, so lehrt die Gnosis, trägt in sich einen Funken des ewigen Lichtes. Die »Welt« hat dieses Urlicht verdunkelt, sodass der Mensch nicht weiß, wo er hingehört. Da sendet das göttliche Licht von jenseits der Welt einen Retter aus, einen Rufer, der den schlafenden Lichtfunken aufweckt, sodass der Mensch sich selbst und seinen Ursprung erkennt.[3] »Wach auf, der du schläfst, steh auf von den Toten, und als Licht wird dir erstrahlen der Erlöser«, heißt es in Anlehnung an gnostische Formulierungen im Epheserbrief (Eph 5,14).

Ob die gnostische Lehre von indischen oder gar buddhistischen Vorstellungen beeinflusst ist, lässt sich nicht klären. Ähnlichkeiten und Berührungspunkte mit der Karmalehre sind zweifellos vorhanden.

»Wer nicht von oben her (im griechisch Text steht »anothen« = vom Ursprung her) geboren wird, der wird das Reich Gottes nicht sehen!«, sagt Jesus zu Nikodemus. Es geht nicht um eine körperliche Wiedergeburt, schon gar nicht um Seelenwanderung, sondern um eine »Neugeburt vom Ursprung« her, aus dem Wasser und dem Geist. Der »alte Adam« in uns soll in der Urflut versinken, damit wir als neue Menschen aus dem Wasser emporsteigen. Die christliche Taufe bringt dies symbolträchtig zum Ausdruck. Das Untertauchen der Taufbewerber in der frühen Kirche – und hier beschränkte man sich nicht auf ein paar Wasserspritzer – war nichts anderes als ein »Ertränken des alten Adam« und ein Neugeborenwerden im Geist des Glaubens.

Nikodemus versteht Jesus falsch, wenn er glaubt, er müsse »in den Schoß« der Mutter zurückkehren. Jesus sagt ihm: Nein, nicht in den Schoß der Mutter, sondern in den Schoß Gottes musst du zurückkehren. Er wird dir das Wasser des Lebens schenken, das dich frei macht von deinem Durst.

Die Sünde ist eine Folge des Todes und nicht umgekehrt. Weil wir wissen, dass wir sterben müssen, werden wir immer wieder verlockt, alles zu tun, was unser Leben in dieser Welt angenehm und leicht macht – und das schließt gute wie schlechte Taten ein. Jesus nimmt den Ruf Johannes des Täufers »Kehrt um und tut Buße« auf und konkretisiert ihn. Seine Aufforderung zur Umkehr meint nicht nur Reue über begangene Sünden, sie ist kein einmaliger Bußakt, sondern die ständige Bereitschaft, sich selbst und die Welt zu verändern. Hier liegt noch immer die Sprengkraft des Evangeliums: »Neugeburt« als radikale Rückbindung an Gott mit allen sich daraus ergebenden Konsequenzen. Durch die Wende zum Guten kommt der Mensch seinem Ursprung und seiner Erlösung näher. Der christliche Mystiker Meister Eckehart (1260–1328) formuliert es so: »So oft die Seele wiedergeboren wird in Gott, so oft gebiert der Vater seinen eingeborenen Sohn in sie.«[4]

Der Jesuit Alfred Delp schrieb 1944 als Gefangener der Nationalsozialisten: »Die Geburtsstunde der menschlichen Freiheit ist die Stunde der Begegnung mit Gott. Ob Gott nun einen Menschen aus sich herauszwingt durch die Übermacht von Not und Leid, ob er ihn aus sich herauslockt durch die Bilder der Schönheit und Wahrheit, ob er ihn aus sich selbst herausquält durch die unendliche Sehnsucht, durch den Hunger und Durst nach Gerechtigkeit, das ist eigentlich gleichgültig: Wenn der Mensch nur gerufen wird und wenn er sich rufen lässt!«[5]

Lust oder Askese?

Der Weg zur Mitte

Meister Chü-chih hatte die »Ein-Finger-Methode«.
Immer, wenn ihm eine Frage gestellt wurde,
hob er als Antwort nur mahnend den
Zeigefinger. Das beobachtete ein Schüler
und ahmte ihn nach. Als Chü-chih davon erfuhr,
ließ er den Schüler zu sich kommen und
schnitt ihm den Finger ab. Der Schüler schrie aus
Leibeskräften und lief davon.
Da rief der Meister ihm nach:
»Was ist meine Methode?«
Der Schüler wollte wie gewohnt den Finger heben.
In diesem Augenblick kam er zu einer Einsicht.

Mumonkan, das 3. Koan

»Wenn dich deine Hand oder dein Fuß
zum Bösen verführt, dann hau sie ab und
wirf sie weg. Es ist besser für dich,
verstümmelt oder lahm in das Leben
zu gelangen, als mit zwei Händen und
zwei Füßen in das ewige Feuer geworfen
zu werden. Und wenn dich dein Auge zum
Bösen verführt, dann reiß es aus und wirf es weg.«

Matthäus 18,8f.

Auf den ersten Blick handelt es sich um eine schmerzhafte, ja brutale Maßnahme, die Jesus hier vorschlägt. Um seine Worte zu verstehen, muss man wissen, dass nach alter jüdischer Auffassung die Begierde des Menschen in seinen Gliedern steckte und somit beispielsweise das Abhacken einer Hand die Ursache für einen Diebstahl »abschnitt«. Ähnliche Vorstellungen beherrschen noch heute das islamische Rechtsdenken.

Jesus benutzt dieselbe Methode wie die buddhistischen Meister, die ihre Schüler mit harten oder unmöglichen Forderungen in die Enge treiben, um alles Angelernte und Unechte in ihrem Denken zu entlarven und ihnen bewusst zu machen, was ihr »ursprüngliches Antlitz«, ihr wirkliches, inneres Wollen ist. Buddha stellt in seinen Lehrreden oft extreme Positionen und Verhaltensweisen gegenüber, um dann einen »mittleren Weg« als die angemessene Lösung vorzuschlagen: »Ein Mönch soll nicht in Vergnügungen schwelgen, denn das ist gemein, kleinbürgerlich, banausisch, unedel und zwecklos. Andererseits soll sich ein Mönch auch nicht der Selbstquälerei hingeben; sie ist nur schmerzhaft und führt zu nichts. Beide Extreme soll ein Mönch meiden. Der mittlere Weg dagegen führt zu Einsicht, erzeugt Wissen und lässt die Leidenschaft zurücktreten vor der höheren Erkenntnis.« (26. Sutra) Nicht durch extremes Verhalten kommt der Mensch zu seiner Mitte, sondern durch ein vernünftiges Maß in allem. Buddha hat hier sicherlich die absonderlichen Beispiele indischer Asketen seiner Zeit vor Augen, die ihren Leib mit Lanzen und Messern durchbohrten, Gliedmassen absterben ließen, nur auf einem Bein standen, Erde verzehrten oder wie Tiere lebten.

Meister Chü-chih in unserem Koan hat mit solchen Praktiken nichts im Sinn. Er gebraucht eine Schocktherapie, bei der es allerdings blutig zugeht. Doch eigentlich ist das Nebensache. Wichtig ist das Problem des Koans, das noch heute übenden Mönche zur Auseinandersetzung aufgegeben wird. Und dieses Problem ist die geistige Falle, in die der Schüler geraten ist. Er will auf bequeme Art die Erleuchtung erlangen, indem er seinen Meister imitiert. Das erinnert mich an Leute, die sich begierig auf Zen-Literatur stürzen und den Lotussitz üben, um nach außen den Eindruck eines »Gurus« zu erwecken. Der Religionswissenschaftler Heinrich Dumoulin bemerkte schon vor 30 Jahren dazu kritisch: »Die aus der überperfektionierten, übertechnisierten westlichen Konsumgesellschaft ausbrechende Jugend entdeckte in der Zen-Mystik einen neuen Lebensstil, der ihr umso mehr zusagte, als dieses Zen – so viel hatte sie aus den paradoxen Koan-Geschichten herausgehört – dem rationalen Denken und aller Konvention ins Gesicht schlägt. Niemand kann sagen, wer für all den Unsinn, der unter dem Namen von Zen in der Öffentlichkeit rundging, eigentlich verantwortlich ist.«[6]

Authentisches Leben

Wer Zen-Üben mit Nachahmung der Zen-Meister verwechselt, macht sich zu einer lächerlichen Figur. Lächerlich ist auch das Verhalten des Schülers in unserem Beispiel. Er ist wie ein Kind, das Erwachsene imitiert. Wenn er auf dieser Bewusstseinsebene stehen bleibt, wird er nie »erwachsen« werden und zu keiner tieferen Einsicht gelangen. Der weise Chü-chih erkennt jedoch, dass gerade im Fehlverhalten des jungen Mönches die Chance zum geistigen Durchbruch liegt. Auch das ist ein Wesenszug des Buddhismus: Er holt den Menschen dort ab, wo er gerade steht, mit all seinen Schwächen und Unzulänglichkeiten. Mit einer radikalen Handlung ohne Worte und Erklärungen zeigt Chü-chih seine wahre Lehrmethode, der der Schüler ja eigentlich auf die Spur kommen wollte. Er schneidet den Finger mit dem Messer ab. Der Schüler schreit aus Leibeskräften und erfährt, was es bedeutet, den Finger heben zu wollen, wo kein Finger mehr ist. Nie mehr wird er den Meister nachahmen können. Und vielleicht denkt er auch: Nie werde ich erleuchtet werden! Eine Welt bricht zusammen. Der Schüler stürzt sich ganz in diesen körperlichen und seelischen Schmerz – und kommt »zu einer Einsicht«, wie das Koan vermerkt. Ob diese Einsicht bereits die Satori-Erfahrung ist, wird offen gelassen. Sicher ist jedoch, dass die Selbsterfahrung des Mönches eine entscheidende Veränderung erfuhr. Er hat sich als ganzheitliche Person erlebt: Denken, Fühlen und Handeln werden eins in dem Schrei, sein »ursprüngliches Antlitz« kommt zum Vorschein. Im körperlichen Ausdruck ist jeder Mensch »er selbst«; er hat nicht nur einen Leib, er *ist* Leib. Das macht es ihm unmöglich, sich hinter seinen Worten oder in seinem Körper zu verstecken. Jede emotionale Äußerung – auch wenn sie nur Verstellung ist – wird zum Ausdruck des ganzen Menschen.

Jesu Worte deuten in eine ähnliche Richtung: Es geht nicht um Fingerknochen, Füße oder Augen. Begierde lässt sich nicht auf einen Körperteil reduzieren und durch einen chirurgischen Schnitt beseitigen. Nicht die Hand, nicht das Auge verführen zum Bösen. Die Übersetzung des Wortes »verführen« ist in diesem Zusammenhang etwas unglücklich. Bildhafter und besser wäre es, das hier gebrauchte griechische Verb »skandalizein« mit »in die Falle locken« zu übersetzen, denn »Skandal« meinte ursprünglich ein kleines Stellholz, das eine Mausefalle zum Zuschnappen brachte, wenn man dagegen stieß.[7] Unsere Sinne stellen uns jene kleinen, aber gemeinen Fallen, in die wir nur allzu oft »leicht-sinnig« hineintappen. Wer die Falle erkennt, kann sich in Acht nehmen.

Nach Buddhas Lehre verstricken uns unsere Sinne in ein Netz von Begierden, weil sie kein objektives Bild der Welt liefern, sondern Täuschungen und Illusionen unterliegen. Doch das ist für Buddha zunächst nicht weiter schlimm und kein Grund, sie »abzuhacken«. Ohne unsere Sinne gäbe es keinen Kontakt mit der Welt, ohne Durst nach Leben und Werden würde nichts entstehen. Lebensdurst ist die Antriebsfeder für unsere Taten – für die guten wie die schlechten. Ein Mensch, der sich nicht rührt und nichts tut, ist wie ein Toter. Deshalb gehen einige buddhistische Meister sogar so weit zu behaupten, dass ohne diesen Durst Gautama Buddha seine Vier Edlen Wahrheiten gar nicht hätte finden können, ja, dass sein Wunsch, »Trishna« auszulöschen, nur eine andere Form von »Trishna« sei.

Entscheidend ist die Frage, wie wir mit diesem Durst umgehen, ob wir ihn fruchtbar machen für unser Leben, ihn als das kleine oder große »Fahrzeug« über den Strom des Lebens nutzen. Buddhismus und Christentum betonen übereinstimmend, dass es notwendig ist, die Sinne in Zucht nehmen. Und da nach hinduistischer Wahrnehmungslehre zu den uns vertrauten fünf Sinnen das »Denkorgan« als sechster Sinn hinzutritt, bedeutet dies, nicht nur unseren Körper, sondern auch unser Denken zu schulen und zu schärfen. Im Achtfachen Pfad wird diese Schulungsmethode konkretisiert: »Rechtes Sehen, rechter Entschluss, rechte Rede, rechtes Verhalten, rechte Lebensführung, rechte Anstrengung, rechte Achtsamkeit, rechte Meditation.« Entscheidend ist immer das

Wort »recht«. Was richtig und was falsch ist, versucht Buddha in seinen Lehrreden den Schülern zu vermitteln. Auch Meister Chü-chih versuchte dies, indem er auf Fragen von Schülern immer nur mahnend den Zeigerfinger hob. Es ist die Geste der Achtsamkeit: »Pass auf, was du redest, was du tust, wie du lebst!«

Ein junger buddhistischer Mönch hatte den Ehrgeiz, rasch erleuchtet zu werden. Doch da alles Meditieren nicht half, versuchte er es mit einer neuen Methode: Er begann, seine Hand über einer Kerzenflamme zu verbrennen. Der Meister sah es und fragte: »Was soll dieser Unsinn?« Der Schüler entgegnete: »Ich will den Schmerz überwinden und zur Erleuchtung gelangen.« Der Meister schüttelte den Kopf und sagte: »Wenn es möglich wäre, durch Verbrennen eines Körperteils zum Buddha zu werden, sollte man da nicht besser mit dem Kopf anfangen?«

Das Beispiel macht deutlich, was in Wirklichkeit verbrannt, ausgerissen und abgeschnitten werden muss: Nicht ein Körperteil, sondern »der alte Adam« in uns. Jesus fordert uns auf: »Reiß das alte Auge aus, wirf die alte Hand weg, hack den alten Fuß ab!« Oder positiv ausgedrückt: »Zieh den neuen Menschen an.«

Das Koan von der »Ein-Finger-Methode« birgt noch eine zweite Erkenntnis: Glaube trägt nicht, wenn er bloße Nachahmung ist. Man kann Jesus oder Buddha nicht imitieren; man kann ihnen nur nachfolgen, immer in der Gefahr, ein Auge zu verlieren oder eine Hand oder auch nur den kleinen Finger. Das, was wir erleben und gestalten, was wir erleiden und erdulden, wird zum fruchtbaren Urgrund des Glaubens. Sonst nichts.

Reichtum oder Armut?

Der Weg zum Loslassen

Der reiche Haushaber Potaliya kam zu Buddha,
begrüßte ihn höflich und sagte zu ihm:
»Ich habe alle Beschäftigungen aufgegeben
und mich von allen Geschäften getrennt.
Alles, was ich an Vermögen, an Vorräten,
an Silber und Gold besaß,
habe ich als Erbteil meinen Söhnen vermacht;
ich beanspruche nur noch Kost und Kleidung.«

Buddha antwortete ihm:
»Was du unter Trennung von den
Geschäften verstehst, das ist etwas anderes,
als ich es lehre. Auf achtfache Weise
trennt man sich von den Geschäften:
man verletzt kein lebendes Wesen,
man nimmt nichts, was einem
nicht gegeben wird, man sagt die Wahrheit,
man verleumdet nicht, man ist nicht habgierig,
man meidet Zank und Streit,
man meidet Zorn und Wut, man ist nicht anmaßend.«

Da sagte Potaliya:
»Weit entfernt bin ich von dieser Trennung!«

54. Sutra

Als sich Jesus wieder auf den Weg machte,
lief ein Mann auf ihn zu, fiel vor ihm auf die Knie
und fragte ihn: »Guter Meister, was muss ich tun,
um das ewige Leben zu gewinnen?«

Jesus antwortete: »Du kennst doch die Gebote:
Du sollst nicht töten, du sollst nicht Ehe brechen,
du sollst nicht stehlen,
du sollst nicht falsch aussagen,
du sollst keinen Raub begehen;
ehre deinen Vater und deine Mutter.«

Er erwiderte ihm:
»Meister, alle diese Gebote
habe ich von Jugend an befolgt.«

Da sah ihn Jesus an und weil er ihn liebte,
sagte er: »Eines fehlt dir noch: Geh, verkaufe,
was du hast, gib das Geld den Armen,
und (...) dann komm und folge mir nach.«

Der Mann aber war sehr betrübt, als er das hörte,
und ging traurig weg;
denn er hatte ein großes Vermögen.
Da sah Jesus seine Jünger an und sagte zu ihnen:
»Wie schwer ist es für Menschen,
die viel besitzen,
in das Reich Gottes zu kommen.«

Die Jünger waren über seine Worte bestürzt.
Jesus aber sagte zu ihnen:
»Eher geht ein Kamel durch ein Nadelöhr,
als dass ein Reicher in das Reich Gottes gelangt.«

vgl. Markus 10,17–25

Das Gespräch zwischen Buddha und dem Haushaber Potaliya wird nicht ohne versteckten Humor erzählt. Unter einem »Haushaber« verstand man zu Buddhas Zeiten das Oberhaupt einer wohlhabenden Familie, das keiner Arbeit nachgehen musste, sondern sich mit der Verwaltung (und Vermehrung) seines Besitzes begnügen konnte. Es galt als verdienstvoll, wenn sich ein solcher Haushaber, nachdem er Großvater geworden und die Zukunft der Familie gesichert war, aufs Altenteil zurückzog, weltlichen Genüssen entsagte oder als frommer Einsiedler seinen Lebensabend verbrachte. Diesem Ideal wollte der gute Potaliya offenbar huldigen. Aber seine Lebensweise hat mit den Vorstellungen Buddhas wenig zu tun, wie wir gleich sehen werden. Das 54. Sutra schildert anschaulich, wie Potaliya, angetan mit bequemer Hauskleidung, Sandalen und einem Sonnenschirm müßig durch den Wald schlendert. Zufällig begegnet er Buddha und einigen seiner Schüler, die sich dort zur Mittagsruhe niedergelassen haben. Nun will der eitle Potaliya zeigen, welch hohem Ideal er angeblich nachstrebt. Er begrüßt Buddha mit höflichen Worten, bleibt aber stehen, weil er der Ansicht ist, sich als angesehener Mann nicht neben einen Wandermönch setzen zu müssen. Buddha durchschaut seine Geisteshaltung und bittet den »Haushaber«, doch Platz zu nehmen. Potaliya ist verärgert. Warum Buddha ihn als »Haushaber« anrede, will er wissen, wo er doch längst allen weltlichen Geschäften entsagt habe. Darauf entwickelt sich das oben wiedergegebene Gespräch.

Im zweiten Beispiel ist die Situation ähnlich. Doch der reiche Mann, der hier auf Jesus zugelaufen kommt, ist offenbar kein Angeber wie Potaliya, sondern ernsthaft bemüht, seinem Leben eine neue Richtung zu geben. Das spürt auch Jesus, der ihn forschend anschaut und Sympathie für ihn empfindet. Eben darum ist seine Antwort hart und fordernd: »Trenne dich von deinem Reichtum.« Jesus reagiert wie alle großen Lehrmeister: Schüler, bei denen sie besondere Begabungen und Fähigkeiten entdecken, fassen sie härter an als andere. Ob seine Worte Wirkung zeitigten, wird nicht berichtet. Der Mann geht traurig weg, denn »er hatte ein großes Vermögen«.

Man muss bedenken, dass im Judentum irdisches Glück und Reichtum als Gnade und Belohnung Gottes angesehen wurden. König Salomo war nicht nur wegen seiner Weisheit, sondern auch wegen seines Reichtums hoch geachtet. Geld zu besitzen, war nicht anrüchig, denn »der Herr gibt es den Seinen im Schlaf« (Psalm 127). Will Jesus das nun auf den Kopf stellen? Soll ein Reicher keinen Zugang zum Reiche Gottes haben? Die Jünger erschrecken und fragen sich: »Wer kann dann noch gerettet werden?«

Die Wurzel aller Übel

Das Problem von Reichtum und Armut hat die Menschen immer wieder beschäftigt. »Die Wurzel aller Übel ist die Habsucht«, schreibt Paulus im ersten Brief an Timotheus. »Nicht wenige, die ihr verfielen, sind vom Glauben abgeirrt und haben sich viele Qualen bereitet. Sie meinen, Frömmigkeit sei ein Mittel, um irdischen Gewinn zu erzielen. Die Frömmigkeit bringt in der Tat reichen Gewinn, wenn man nur genügsam ist. Denn wir haben nichts in die Welt mitgebracht, und wir können auch nichts aus ihr mitnehmen. Wenn wir Nahrung und Kleidung haben, soll uns das genügen. Wer aber reich werden will, gerät in Versuchungen und Schlingen, er verfällt sinnlosen und schädlichen Begierden, die den Menschen ins Verderben und in den Untergang stürzen.« (vgl. 1 Tim 6,5–10)

Solch warnende Worte haben Christen nicht davon abgehalten, nach Reichtum und Macht zu streben. Im Mittelalter, als sich die katholische Kirche zu einer »reichen Braut« entwickelte, entstand die Gegenbewegung der Bettelorden. Franziskus von Assisi (1182–1266) sah in der Geldwirtschaft ein Hauptübel seiner Zeit. Er wollte den Besitz von Geld im Orden sogar gänzlich verbieten: »Ich untersage allen Brüdern nachdrücklich, in irgendeiner Weise Münzen oder Geld anzunehmen, sei es direkt oder über einen Dritten. (...) Wenn es notwendig ist, sollen sie betteln gehen und sich dessen nicht schämen.«[8] Aus dieser Einstellung und einer Überinterpretation der Bergpredigt (»Selig sind die Armen!«) entwickelte sich bei vielen Christen die Vorstellung, christliche Armut bedeute, kein Geld zu besitzen. Franziskus aber ging es um etwas ganz anderes: Die Einführung der Geldwirtschaft, die zu seiner Zeit in Italien begann, veränderte das Verhalten der Menschen. Solange es keine Münzen und Scheine gab, war man auf Tauschhandel angewiesen gewesen. Ein Brot gegen ein Huhn, ein Schwein gegen die Mithilfe beim Hausbau usw. Da man Lebensmittel nicht beliebig lange lagern konnte, sie verzehren musste, bevor sie verdarben, hatte dieser Tauschhandel einen Nebeneffekt: Es gab immer wieder Grund zu großen Festen – und auch die Armen bekamen dabei ihren Anteil. Geld dagegen konnte nicht verderben. Über finanzielle Mittel zu verfügen, bedeutete eine neue, bisher unbekannte Sicherheit. Und die Versuchung war groß, sich an diesen Besitz zu klammern und dabei die soziale Verantwortung zu vergessen.

Jesus kam aus einer Handwerkerfamilie. Viel Geld dürften Josef und Maria kaum besessen haben. Buddha dagegen stammte aus einem wohlhabenden Haus. Er war den Umgang mit Gold und Silber gewohnt und verkehrte mit Fürsten, Grundbesitzern und reichen Leuten, die seine Mönchsgemeinschaft unterstützten. Doch Buddha lässt sich dadurch nicht beeindrucken. Immer wieder betont er, Reichtum an sich stelle keinen

Wert dar: »Mit Geld erkauft man kein langes Leben; Geld verhindert nicht das Altwerden. Die Weisen haben erkannt: Das Leben ist kurz, es schwindet dahin und Arme und Reiche, Toren und Weise sind dem gleichermaßen unterworfen. Darum gilt Weisheit mehr als Geld.« (83. Sutra)

Buddha sagt nicht: Reichtum ist etwas Schlechtes, sondern: Auch der Reiche ist den Gesetzen des Lebens unterworfen. Wer sich wegen seines Reichtums in Sicherheit wiegt, für den gibt es ein böses Erwachen, denn reich zu sein bedeutet, sein Denken auf bestimmte Dinge zu lenken, sein Verhalten nach materiellem Nutzen auszurichten, bestimmte Vorlieben oder Ängste zu entwickeln. »Woran man viel denkt, dahin neigt sich das Gemüt. Denkt man viel an Sinneslust, hat man die Gedanken an Entsagung rasch beiseite geschoben«, erklärt Buddha. (19. Sutra)

»Der Sinn des Lebens besteht nicht darin, dass ein Mensch aufgrund seines großen Vermögens im Überfluss lebt«, stellt Jesus fest (Lk 12,15) und warnt an anderer Stelle: »Wo dein Schatz ist, da ist auch dein Herz.« (Mt 6,21)

Reichtum ist ein Hindernis auf dem Weg zur Vollendung, denn Besitz bedeutet Haften an letztlich wertlosen Dingen, entspringt der Sehnsucht nach etwas Bleibendem in einer vergänglichen Welt. Nur zu leicht macht Geld den Menschen träge, verführt ihn zu Sorglosigkeit und verhindert so die Auseinandersetzung mit existenziellen Fragen. Buddha weist den Haushaber Potaliya deshalb nachdrücklich auf den Achtfachen Pfad hin: »Auf achtfache Weise trennt man sich von den Geschäften: Man verletzt kein lebendes Wesen, man nimmt nichts, was einem nicht gegeben wird, man sagt die Wahrheit, man verleumdet nicht, man ist nicht habgierig, man meidet Zank und Streit, man meidet Zorn und Wut, man ist nicht anmaßend.« Jesus erinnert den Reichen an die Gebote des mosaischen Gesetzes: »Du sollst nicht töten, du sollst nicht Ehe brechen, du sollst nicht stehlen, du sollst nicht falsch aussagen, du sollst keinen Raub begehen; ehre deinen Vater und deine Mutter.«

Aber offenbar ist Reichtum etwas, von dem man sich nur schwer trennen kann. »Sind es also wirklich nur wenige, die gerettet werden?« könnten wir Wohlstandsbürger des 21. Jahrhunderts mit den Jüngern Jesu fragen. Die Antwort des Meisters: »Eher geht ein Kamel durch ein Nadelöhr, als dass ein Reicher in das Reich Gottes gelangt.« Und an einer anderen Stelle: »Bemüht euch mit allen Kräften, durch die enge Tür zu gelangen; denn viele, sage ich euch, werden versuchen hineinzukommen, aber es wird ihnen nicht gelingen.« (Lk 13,24)

Durch die enge Tür gehen

Ich möchte einen Augenblick beim Bild der engen Tür bleiben und ein eigenes Bild hinzufügen. Reichtum ist, als komme ein Mann, der eine lange Stange quer vor dem Bauch trägt, auf eine enge Tür zu. Plötzlich wird ihm bewusst, dass er die Tür so nicht passieren kann. Er bleibt stehen, denkt angestrengt nach, kommt aber nicht auf die einfache Idee, die Stange um 90 Grad zu drehen. Stattdessen macht er enttäuscht kehrt und erklärt, dieser Weg sei für ihn nicht gangbar.

Geld zu besitzen ist so lange kein Hindernis, wie man damit umgehen kann, als besäße man kein Geld. Erst wo Besitz zum Problem wird, zum Gegenstand nächtelanger Sorgen, zum Mittel gegen Langeweile und Lebensüberdruss, erst wenn Überfluss zur Schau gestellt wird, da ist Reichtum wie eine Stange, die man vor dem Bauch trägt.

Die Ursünde des Menschen ist die Sünde Adams, der sich als Besitzer und Eigentümer der Gaben Gottes aufspielte. Buddha erzählt im 7. Sutra: »Wenn ein Mann einen Wagen mit geliehenem Gut füllt, mit kostbaren Juwelen und Ringen, und damit stolz auf den Basar fährt, werden die Leute sagen: Seht nur, er ist reich an Schätzen! Wenn aber der Eigentümer dieser Schätze vorbeikommt, wird er an sich nehmen, was ihm gehört und den Mann ausschelten.«

Die Sünde Adams wird überall dort wiederholt, wo Menschen »Lebensgut« an sich raffen, das eigentlich Lehen und Geschenk Gottes an alle Menschen ist. »Wir sollen besitzen, als besäßen wir nichts«, mahnt Paulus die ersten Christen, von denen viele in Gütergemeinschaft lebten, weil sie das Kommen des Reiches Gottes in naher Zukunft erwarteten. Und Franziskus fügt hinzu: »Wollten wir etwas besitzen, so müssten wir auch Waffen zu seiner Verteidigung haben. Daher kommen ja die Streitereien und Kriege, die so mannigfaltig die Liebe Gottes und der Mitmenschen hindern.« [9]

Geld – Besitz – Waffen. Der Zusammenhang ist augenfällig. Wenn man bedenkt, dass die ungeheuren Mittel, die in einem einzigen Jahr für Rüstungszwecke verschwendet werden, ausreichen würden, alle Menschen satt zu machen und darüber hinaus die Grundlagen zu schaffen für eine dauerhafte Selbstversorgung der armen Länder, dann versteht man die harten Worte Jesu über die Reichen. Nicht seine Worte sind beängstigend, sondern unser Umgang mit dem Reichtum. Oder sind wir etwa bereit, unsere Wirtschaftsordnung so umzustrukturieren, dass ein gerechter Welthandel ermöglicht, angemessene Rohstoff- und Erzeugerpreise gezahlt und neue Formen kolonialer Ausbeutung verhindert werden? Darüber hinaus kann »Reichtum« heute nicht mehr ausschließlich als materieller Besitz verstanden werden. Der Reichtum der Industriestaaten besteht auch in besseren Bildungschancen für seine

Bürger, technischem Know-how, flächendeckender medizinischer Versorgung und freiem Zugang zu Informationen.

Zum Maggid von Kosnitz kam einst ein reicher Mann, berichtet eine chassidische Geschichte. »Was pflegst du zu essen?«, fragte der Maggid. »Ich lebe bescheiden«, sagte der Reiche. »Brot mit Salz und ein Glas Wasser sind mir genug.« »Was fällt euch ein!«, schallt ihn der Maggid. »Braten sollt ihr essen, und Met sollt ihr trinken wie alle reichen Leute.« Und er ließ den Mann nicht gehen, bis er ihm versprochen hatte, es fortan so zu halten. Nachher fragten die Chassidim nach dem Grund der wunderlichen Rede. »Erst wenn er Fleisch isst«, antwortete er, »wird er wissen, dass der Arme Brot braucht. Solange er Brot isst, meint er, der Arme könne Steine essen.« [10]

Der Titel der bereits erwähnten Koan-Sammlung Mumonkan (chinesisch: Wu-men-kuan) ist programmatisch; die chinesischen Schriftzeichen lassen sich übersetzen mit »Schranke ohne Tor« oder »Großer Weg hat kein Tor« oder noch besser »torloses Tor«. Damit wird angespielt auf die Grenzstationen des chinesischen Reiches, die überdachte Tore mit einem Schlagbaum waren, wo sich Reisende einer strengen Kontrolle ihres Gepäcks zu unterziehen hatten. Mich erinnert das »torlose Tor« an das Jesuswort von dem Kamel, das durch das Nadelöhr gehen soll. Manche Theologen sind der Ansicht, mit dem »Nadelöhr« meine Jesus ein besonders enges Tor zur Stadt Jerusalem, das zu schmal für Lasttiere gewesen sei. Doch für mich bleiben die Aussagen vom »torlosen Tor« und vom Nadelöhr paradox. Sie wollen darauf aufmerksam machen, dass viele Probleme dadurch entstehen, dass wir uns bestimmte Dinge nicht vorstellen können. Ein torloses Tor ist ein Un-Ding, das nur abstrakt in unserem Kopf existiert. Und nur dort wird es zum Hindernis. Ein Leben mit geringeren materiellen Bedürfnissen, ohne Rundumabsicherung, ohne hemmungsloses Konsumverhalten, ohne Verschwendung und so genannte »Sachzwänge«, die oft als Entschuldigungen für Bequemlichkeit herhalten müssen – eine solche Alternative können wir kaum noch denken. Wir stecken in einer geistigen Sackgasse. Das ist das Nadelöhr in unserem Kopf. »Der große Weg kennt kein Tor. Tausend Wege führen zu ihm. Wer die Nicht-Schranke durchschreitet, wandelt frei und ungebunden in alle Himmelsrichtungen«, kommentiert Meister Wu-men.

Wer sich nicht an Reichtum klammert, sondern damit umgehen kann, als besäße er nichts, der wird vor der Grenzschranke nicht resignieren, sondern unbekümmert seinen Weg fortsetzen. Und vielleicht wird er sich später irgendwann umdrehen und wundern, wie er dieses Hindernis, das so vielen Menschen schlaflose Nächte bereitet, überwand, ohne es zu bemerken.

Recht oder Unrecht?

Der Weg zur Fülle

Chao-chou fragte einen Mönch:
»Bist du schon lange in diesem Kloster?«
Der Mönch antwortete:
»Ja, ich bin seit langen Jahren hier.«
Chao-chou sagte: »Nimm eine Tasse Tee.«

Später kam ein anderer Mönch.
Der Meister fragte ihn: »Bist du schon lange hier?«
Der Mönch antwortete:
»Nein, ich bin ganz neu in diesem Kloster.«
Chao-chou sagte: »Nimm eine Tasse Tee.«

Das hörte der Klosterverwalter
und fragte Chao-chou:
»Wie konntest du beiden eine Tasse Tee anbieten,
da doch der eine ein alter Mönch,
der andere ein Schüler ist?«

Chao-chou rief: »Oh, Klosterverwalter,
nimm eine Tasse Tee!«

Aus Japan

Als es Abend geworden war,
sagte der Besitzer des Weinbergs
zu seinem Verwalter:
»Ruf die Arbeiter und zahl ihnen den Lohn aus,
angefangen bei den letzten, bis hin zu den ersten.«
Da kamen die Männer,
die er um die elfte Stunde angeworben hatte,
und jeder erhielt einen Denar.
Als dann die Ersten an der Reihe waren,
glaubten sie, mehr zu bekommen.
Aber auch sie erhielten nur einen Denar.
Da begannen sie, über den Gutsherrn zu murren
und sagten: »Diese Letzten
haben nur eine Stunde gearbeitet,
und du hast sie uns gleichgestellt;
wir aber haben den ganzen Tag über
die Last der Arbeit und die Hitze ertragen.«
Da erwiderte er einem von ihnen: »Mein Freund,
dir geschieht kein Unrecht.
Hast du nicht einen Denar mit mir vereinbart?
Nimm dein Geld und geh!«

Matthäus 20,8–13

Über die Zustände im Weinberg des Herrn ist viel gerätselt worden. Und in der Tat will einem aufgeklärten, an Tarifvereinbarungen und Gewerkschaften gewöhnten Menschen des 21. Jahrhunderts nicht so recht in den Kopf, dass die Arbeiter der ersten Stunde, die den ganzen Tag geschuftet haben, am Ende genauso viel Lohn bekommen wie die Arbeiter der letzten Stunde.

Was hier verkündet wird, ist entweder verrückt oder ungerecht.

Jesus spricht dies Gleichnis nicht in eine Tarifverhandlung hinein. Dort könnte es von Arbeitgebern leicht zur Rechtfertigung niedriger Löhne missbraucht werden. Es wäre auch voreilig, theologisch zu argumentieren, Jesus spiele mit dem Gleichnis vom Weinberg auf das Himmelreich an, wo nach anderen Maßstäben verfahren werde. Denn gewiss würde auch die Botschaft, bei Gott werde jeder den gleichen Lohn empfangen, bei den Arbeitern nicht gerade Begeisterung ausgelöst haben. Besonders die Jünger hätten Grund, sich zu beklagen. Sie sind schon mehrere Jahre mit Jesus unterwegs, haben Strapazen auf sich genommen und ihre Existenz aufs Spiel gesetzt; sollten sie dafür keinen Extralohn erhalten? Andere Zuhörer könnten auf die Idee kommen, sich auf die faule Haut zu legen, das Gewissen an der Garderobe abzugeben und den Herrgott einen guten Mann sein zu lassen. Denn es müsste ja genügen, sich kurz vor Toresschluss noch einmal tüchtig ins Zeug zu legen (quasi als »Arbeiter der letzten Stunde«), um dann denselben Lohn zu empfangen wie alle anderen.

Ich denke, das Gleichnis ist mit einer konkreten Situation verbunden gewesen, die uns der Evangelist leider nicht schildert. Zu Jesu Zeiten waren weite Flächen Palästinas in der Hand von Großgrundbesitzern, was zur Verschuldung und Verarmung der Landbevölkerung führte. Die Großgüter wurden meist an Pächter vergeben, die ihrerseits zwar Abgaben an den Grundherren zu entrichten und Steuern zu zahlen hatten, ansonsten aber schalten und walten konnten, wie sie wollten. Nur die Kasse musste stimmen. Ein Tagelöhner hatte keine Chance, sich gegen solche Arbeitgeber durchzusetzen. Er musste den Lohn akzeptieren, den man ihm bot.

Wenn Jesus einer Gruppe von Erntearbeitern auf dem Dorfplatz oder vor dem Tor eines Weingutes begegnet, weiß er also, wovon er spricht. Und die Arbeiter erkennen sich in dem Gleichnis wieder. Jesus malt das Bild der ungerechten Bezahlung mit so dicken Pinselstrichen, dass zum Schluss eigentlich jeder Zuhörer denken muss: Wenn Gott der Herr des Weinberges ist, wie kann es dann so ungerecht zugehen? Lehrt derselbe Jesus nicht, dass Gott ein barmherziger Gott ist, einer, der sich der Entrechteten annimmt, der den Sünder nicht aufgibt, der neunundneunzig verlässt, um einen Menschen in Not zu retten. Wie kann er dann wie ein feudaler Großgrundbesitzer mit den Menschen nach Lust und Laune verfahren?

Der Akzent des Gleichnisses muss anderswo liegen. Wenn man genauer hinschaut, merkt man, dass es gar nicht so sehr um das Verhalten des Weinbergbesitzers, als vielmehr um die Reaktion der Tagelöhner geht, die enttäuscht sind über ihren Lohn. Buddha erzählt eine ähnliche Situation: »Wenn ein achtbarer

Mann einen Beruf ausübt, sei es als Beamter, als Kaufmann, als Landwirt oder als Viehzüchter, dann ist er Hitze und Kälte ausgesetzt, wird von Wind und Wetter getroffen, von Schlangen und Ungeziefer bedroht und leidet Hunger und Durst. Wenn dann dem achtbaren Mann, der sich anstrengt und bemüht, die erhofften Reichtümer nicht zufließen, dann ist er bekümmert, entmutigt und traurig und er denkt: Töricht war meine Anstrengung, fruchtlos mein Ringen.« (13. Sutra)

Der gütige Verwalter

Der Gutsverwalter in unserem Gleichnis lässt den Lohn nicht ohne Absicht in umgekehrter Reihenfolge auszahlen: Erst die Letzten, dann die Ersten. Die erschöpften Ganztagskräfte müssen zuschauen, wie die Arbeiter der letzten Stunde ihr Geld bekommen. Bei letzteren ist die Freude bestimmt groß. Der Tag schien ein Misserfolg zu werden: kein Geld in der Tasche, kein Essen auf dem Tisch. Bis dann am Nachmittag doch noch der Gutsherr kam ... So betrachtet erscheint dessen Charakter in einem anderen Licht. Er hat sich zwar spät entschlossen, auch jene anzuwerben, die noch arbeitslos auf dem Marktplatz standen, aber nicht zu spät. Er bietet ihnen einen Aushilfsjob und zahlt zum Schluss einen Lohn, der es auch diesen Letzten ermöglicht, sich am Abend satt zu essen.

Die Arbeiter der ersten Stunde sind neidisch. Nicht weil ihnen der Herr zu wenig gegeben hat, protestieren sie – der Lohn war ja vorher vereinbart worden –, vielmehr murren sie, weil sie den Kollegen den Lohn nicht gönnen. Ihre Vorstellung von Gerechtigkeit ist egoistisch und unbarmherzig. Denn würde der Gutsbesitzer Stundenlohn zahlen, so bekämen die Arbeiter der letzten Stunde nur einen zehntel Denar und hätten wirklich Not zu leiden. So aber könnten alle zufrieden sein – und sind es dennoch nicht. Von Solidarität keine Spur. Die Arbeiter der ersten Stunde würden vermutlich lieber Überstunden machen, als Arbeit und Lohn mit ihren beschäftigungslosen Kollegen zu teilen. Ein aktuelles Gleichnis!

Paulus sagt im Zweiten Brief an die Korinther: »Es geht nicht darum, dass ihr in Not geratet, indem ihr anderen helft; es geht um einen Ausgleich (...) wie es in der Schrift heißt: Wer viel gesammelt hatte, hatte nicht zu viel, und wer wenig, hatte nicht zu wenig. Wenn guter Wille da ist, dann ist jeder willkommen mit dem, was er hat und man fragt nicht nach dem, was er nicht hat. » (vgl. 2 Kor 8,12–14)

Das von Paulus erwähnte Schriftzitat spielt auf das Buch Exodus an, auf die Geschichte vom Himmelsbrot »Manna«, mit dem Gott das Volk Israel in der Wüste ernährt. Dort heißt es: »Die Israeliten sammelten es ein, der eine viel, der andere wenig. Jeder hatte soviel gesammelt, wie er zum Essen brauchte.« (Ex 16,18)

Wer für das Reich Gottes arbeitet, darf nicht fragen, ob es sich »lohnt«, ob seine Anstrengungen entsprechend entgolten werden. Gott gibt jedem, was er braucht. Engagierte Christen hat es nie gekümmert, ob sie im Vergleich zu anderen zu kurz kommen könnten. Sie haben sich überhaupt keine Gedanken darüber gemacht, was ihr Lohn sein könnte, sondern das getan, was ihr Herz ihnen eingab. Ihr Glück war, »den Willen des Vaters zu tun«.

»Nimm eine Tasse Tee«

Der Zen-Meister Chao-chou in unserem Koan, der seinen Mönchen ohne Rücksicht auf Alter, Verdienst oder Erleuchtungsgrad eine Tasse Tee anbietet, verhält sich ähnlich. Jeder soll das bekommen, was er braucht. Rang und Alter spielen keine Rolle. In der japanischen Kultur kam dem gemeinsamen Teetrinken eine besondere Bedeutung zu. Der einfache Vorgang wurde zu einer komplizierten Zeremonie ausgebaut – vom Schöpfen des Teewassers und dem Anrühren des Teepulvers bis zum Einschenken in spezielle Tassen. Eine Tasse Tee ist keine Kostbarkeit, aber sie in Ruhe und Gelassenheit zu trinken, ist für Schüler wie Lehrer ein Augenblick der Entspannung, der Harmonie und Stille, des Aufgehens in der Gegenwart, kurz: ein Stück »Himmel auf Erden«. Genau das will Zen vermitteln –

und so wurde die Teezeremonie zu einem Sinnbild des Buddhismus. Der Meister würdigt jeden seiner Mönche auf gleiche Weise, den Schüler wie den erfahrenen Mönch. Niemand hat einen Grund, sich zu beschweren, und würde Meister Chao-chou die Situation auf die Spitze treiben, so hätte er dem Klosterverwalter möglicherweise gesagt: »Nimm zwei Tassen Tee, aber trink sie in einem Zug aus!«

In einem parallelen Koan geht es um den Schüler Soshin. Der bemüht sich seit Monaten um Unterweisung durch seinen Meister Dogo, ohne dass dieser seinen Mund aufmacht. Soshin fühlt sich ungerecht behandelt, denn andere Mönche sind in ihrer Übung längst weiter fortgeschritten. Eines Tages hält Soshin dem Meister vor: »Schon lange Zeit bin ich hier, aber ich erhielt keine geistige Schulung.« Meister Dogo lächelt und sagt: »Seit deinem Kommen erhältst du täglich Unterricht.« »Von welcher Art ist dieser Unterricht?«, wundert sich der Schüler. Dogo sagt: »Wenn du mir am Morgen eine Tasse Tee bringst, nehme ich sie dankend an. Wenn du zum Mittag den Reis bringst, reagiere ich mich mit einer Verbeugung. Was willst du mehr an Unterweisung?«

Der Gutsherr in dem Bibelgleichnis macht eine ähnliche Bemerkung zu dem Arbeiter, der sich beschwert, nicht genug bekommen zu haben: »Freund, dir geschieht kein Unrecht. Hast du nicht einen Denar mit mir vereinbart? Oder bist du neidisch, weil ich gütig bin?« So verständlich der Wunsch der Menschen ist, irgendwann Ausgleich für irdische Mühsal und entgangenes Glück zu erhalten: Mit Gott lässt sich nicht feilschen. Wäre es wirklich so, dass die Ersten zu Letzten, die Armen zu Reichen und die Beherrschten zu Herrschern würde, so wäre damit das System von Herrschaft und Ausbeutung nicht aufgehoben, sondern nur auf den Kopf gestellt. Im Weinberg des Herrn wird es nicht so sein. Jesus bietet uns das Leben, das ganze Leben und nicht nur ein halbes. Im Gleichnis vom Hochzeitsmahl wird dies deutlich: Die Gäste versammeln sich frohen Herzens im Festsaal und alle, die die Einladung des Hausherrn verschmähten, bleiben zähneknirschend und neidisch im Dunkeln. Entweder – oder, alles oder nichts. Das Leben ist unteilbar wie der Denar in unserem Gleichnis. Jesus fragt uns Unzufriedene, Murrende, Neidische durch das Gleichnis: »Willst du noch mehr als das Himmelreich, das ich dir anzubieten habe?«

Vergelten oder Verzeihen?

Der Weg zur Gewaltlosigkeit

Der Feldherr Kusunoki Masashige fragte
den Abt des Klosters Hyogo:
»Wenn mir ein Feind auf Leben und Tod
gegenüber steht – wie soll ich mich verhalten?«

Der Abt sagte: »Schneide zwei Köpfe ab
und richte das kalte Schwert gen Himmel.«

Aus Japan

Jesus sprach: »Ich bin nicht gekommen,
um Frieden zu bringen, sondern das Schwert.
Wer das Leben gewinnen will, wird es verlieren;
wer aber das Leben um meinetwillen verliert,
wird es gewinnen.«

Matthäus 10,34.39

Die Lehre Buddhas hatte für die japanischen Samuraikrieger eine ähnliche Anziehungskraft wie Jahrhunderte zuvor für die indische Kriegerkaste der Ksatriya. Besonders der Zen-Buddhismus gab auf die Frage nach dem Tod eine befriedigende Antwort und verlangte darüber hinaus eine asketische Zucht, wie sie für einen Krieger nur nützlich sein konnte. Es verwundert deshalb nicht, dass viele japanische Feldherren Zen-Anhänger waren. Gleichwohl wäre es falsch anzunehmen, der Buddhismus selber habe etwas Kriegerisches an sich. Zen lehrt vielmehr, dass Nicht-Kämpfen das schwierigere Kämpfen und der eigentliche Sieg ist. Ein Beispiel soll das veranschaulichen:

Der Schwertmeister Tsukehara Bokuden (1490–1572) befand sich mit einer Anzahl Reisender auf einer Fähre über den Biwa-See. An Bord war auch ein grimmig dreinblickender und etwas heruntergekommener Samurai, der lauthals mit seinem Können prahlte. Als er den schweigsamen Bokuden erblickte, machte er sich lustig über ihn: »Ihr tragt zwei Schwerter und bekommt kein Wort heraus? Habt ihr etwa Angst vor mir?« Bokuden erwiderte: »Meine Kunst ist nicht die Eure, sie besteht darin, andere nicht zu besiegen, aber auch selbst nicht besiegt zu werden.« Der Samurai fühlte sich wohl auf den Arm genommen und forderte Bokuden auf, seine seltsame Kunst unter Beweis zu stellen. Bokuden willigte ein, verlangte aber, der Bootsmann solle die Fähre zunächst zu einer kleinen Insel

im See lenken, damit der Kampf an Land abge
werden könne und keiner der Reisenden gef
würde. Am Ufer angekommen, sprang der Samurai kampfeslustig an Land und zückte sein Schwert. Bokuden aber blieb an Bord, stieß die Fähre vom Ufer ab und befahl dem Bootsmann, rasch weiterzufahren. »Das ist meine Ohne-Schwert-Methode«, rief er dem verdutzten Haudegen zu und ließ ihn allein auf der Insel zurück.

Der Gewalt begegnen

Buddha war ein bedingungsloser Pazifist. Er lehnte nicht nur das Töten von Tieren oder das grundlose Ausreißen von Pflanzen ab, sondern drohte jedem Krieger, er werde in der Hölle wiedergeboren werden. »Nicht-Feindschaft« sei das einzige Mittel, Feindschaft zu besiegen. Um diese Nicht-Feindschaft mit Inhalt zu füllen, mahnte Buddha seine Anhänger zu Güte und Mitleid. Allerdings solle beides nicht die Grenze zur Gefühlsduselei überschreiten; Klugheit, Selbstbeherrschung und Ruhe müssten immer an erster Stelle stehen: »Wie man einen unebenen Weg auf einem ebenen Weg umgehen kann oder wie man eine ungangbare Furt durch eine gangbare Furt umgehen kann, so kann man einen gewalttätigen Menschen durch Gewaltlosigkeit umgehen, einen Totschläger durch Schonung des Lebens, einen Dieb durch Ehrlichkeit, einen weltlich gesinnten, streitsüchtigen und unnachgiebigen Menschen durch Weltabgewandtheit, Verträglichkeit und Nachgiebigkeit.« (8. Sutra)

Im japanischen »Schwert-Weg« wurden diese Gedanken aufgegriffen, wie die Geschichte von Bokuden zeigt. Ein guter Samurai hatte eine lange und strenge Ausbildung zu absolvieren, vergleichbar den entbehrungsreichen Noviziats- und Pilgerjahren eines Mönches. Er musste nicht nur lernen, mit seinem Schwert geschickt umzugehen, sondern es als eine doppelschneidige Waffe zu gebrauchen: gegen den Feind, aber auch und in erster Linie gegen sich selbst. »Ein Schwert zu führen« bedeutete in erster Linie, sich selbst in Zucht zu nehmen. Darauf spielt der Abt des Klosters Hyogo an, wenn er Masashige sagt: »Schneide zwei Köpfe ab.« Im Klartext: »Du und dein Gegner, ihr seid beide von Aggressionen geleitet, die schlechtes Karma erzeugen. Jeder will den Tod des anderen. Kommt zur Vernunft, schneidet das Böse in euren Köpfen ab, und es wird kein Blut fließen.« Das wahre Schwert, das hier gezückt und gen Himmel gerichtet wird, ist kein blutbeflecktes Tötungsinstrument, sondern eine Waffe des Lebens. Es richtet sich gegen Begierde, Selbstsucht, Zorn, Bequemlichkeit und Feigheit. »Wenn einer in der Schlacht 100.000 Mann besiegt und ein anderer bezwingt nur einen, nämlich sich selbst, so ist der letztere der größere Sieger«, heißt es im Dharmapada.

Es wäre weltfremd zu glauben, die japanischen Samurai hätten nur aus edlen Motiven Kriege für ihre Lehnsherren geführt. Ihre Beweggründe waren oft genauso weltlich wie die anderer Söldner und Soldaten. Aber dass Anspruch und Wirklichkeit auseinander klaffen, haben auch christliche Kaiser, Könige und Kreuzritter zur Genüge bewiesen.

»Ich bin gekommen, das Schwert zu bringen«, sagt Jesus. Eine martialische Ankündigung, die seine Gegner als offene Kampfansage verstehen konnten. War Jesus ein Revolutionär? Wollte er einen Krieg gegen die römische Besatzungsmacht anzetteln, wie manche Juden offenbar glaubten? Sicher nicht. Es ist nicht das tötende, sondern das lebensspendende Schwert, das Jesus erhebt. Er schlägt seine Gegner mit ihren eigenen Waffen, mit ihren eigenen Worten. Ihre wütenden Hiebe gehen ins Leere. Anschaulich wird das in der Begegnung Jesu mit der Ehebrecherin, die im Johannesevangelium geschildert wird: Da schleppen die Pharisäer eine Frau zu Jesus. Man habe sie beim Ehebruch erwischt, verkünden die Wortführer und reiben sich heimlich die Hände, wohl in der Erwartung, Jesus in eine unangenehme Lage bringen zu können. Nach dem geltenden Gesetz war eine Frau, die des Ehebruchs überführt wurde, zu steinigen. Würde Jesus diesem Urteil zustimmen, wäre er seiner Botschaft von der Barmherzigkeit und der verzeihenden Liebe untreu. Verurteilte er sie nicht, war er in den Augen der frommen Juden ein Gesetzesbrecher. Jesus erkennt die Absicht seiner Gegner. Es geht ihnen nicht um die Frau, sie warten nur darauf, dass er einen Fehler macht.

Auch Buddhas Gegner haben immer wieder versucht, dem »Erleuchteten« eine Falle zu stellen. Im 27. Sutra lesen wir: »Es gab einige gelehrte Adelige, wahre Disputierkünstler, die Haare spalten und mit ihrem Scharfsinn Lehrsätze zersplittern konnten. Als sie hörten, dass Gautama in dieses oder jenes Dorf kommen würde, bereiteten sie Fragen vor und überlegten, wie sie ihn widerlegen könnten, wenn er so oder so antworten würde. Wenn Gautama dann kam, hielt er ihnen eine lehrreiche, zum Nachdenken anregende Ansprache. Darauf schwiegen sie, denn sie konnten ihn nicht widerlegen.«

Jesus hält den Pharisäern keine Ansprache. Er bückt sich und malt mit dem Finger auf dem Boden. Überlegt er? Hat sein Malen eine Bedeutung? Ist es etwa eine Anspielung auf das Wort des Propheten Jeremia: »In den Staub werden geschrieben, die sich abwenden von dir« (Jer 17,13)? Oder will Jesus einfach nur Zeit gewinnen? Die Horde wird ungeduldig. So schwer ist die Frage doch nicht! Aber Jesus schweigt. Er versucht, die aufgebrachte Menge durch sein Schweigen und Zögern zu beruhigen. So nimmt er den Aggressionen die Spitze. Erst nach einer Weile richtet er sich auf, schaut die Pharisäer an und sagt: »Wer von euch ohne Sünde ist, werfe den ersten Stein.« Dann bückt er sich wieder und fährt in seiner scheinbar gedankenverlorenen Tätigkeit fort.

Jesus bestätigt also das Urteil: »Jawohl, sie soll gesteinigt werden.« Aber wenn Steinigung, dann so, wie es das Gesetz vorschreibt: Die Zeugen des Ehebruchs sollen mit der Steinigung beginnen. Und jetzt kommt ein Satz, der in der Thora nicht vorgesehen ist. Jesus sagt nicht: »Los Leute, wer es gesehen hat, der werfe den ersten Stein«, sondern »Wer ohne Sünde ist ...« Das ist wie ein Schwerthieb. Er hat die Waffe seiner Gegner ergriffen und richtet sie auf deren Herz. Jetzt sind die Pharisäer in der Zwickmühle. Sollen sie behaupten, ohne Sünde zu sein? Nein, eine solche Behauptung wäre Anmaßung und Sünde gegen Gott. Sollen sie sich geschlagen geben und auf die Hinrichtung verzichten? Damit würden sie gegen das Gesetz verstoßen, als dessen oberste Hüter sie sich aufspielen. Die Pharisäer spüren, dass sie Jesus nicht gewachsen sind. Sie treten schweigend den Rückzug an. Jesus schaut ihnen nicht nach; er lässt ihnen freien Abzug. Der aufgebrachte Haufen zerstreut sich. Die Luft ist raus, würde man heute sagen. Nur die Frau bleibt, wartet auf ein Wort. »Geh und sündige nicht mehr«, sagt Jesus. Kein Vorwurf, keine Verurteilung, auch kein falscher Trost. Wahrheit bleibt Wahrheit, Ehebruch bleibt Ehebruch. Aber im Schweigen Jesu und in seinen wenigen Worten werden Urteil und Verurteilung überwunden, wird eine auswegslose Situation zur Zukunft hin geöffnet. Die Selbstgerechten schleichen sich davon, die Sünder kommen zur Einsicht. Und genau um diese Einsicht, die man in einer konkreten Situation gewinnt, geht es Jesus, nicht um Gesetze oder Lehrmeinungen. Jesus will bewirken, nicht belehren. Es ist eine geistige Bewegung, die er in Gang setzt. Das ist das lebensspendende Schwert, das Jesus meisterhaft zu führen versteht. Es trifft, ohne zu verletzten, es schneidet entzwei, ohne zu entzweien. »Richtet nicht, damit ihr nicht gerichtet werdet; denn mit dem Maß, mit dem ihr messt, werdet auch ihr gemessen werden.« (vgl. Lk 6,37f.)

Der Mensch, der Jesus oder Buddha folgen will, muss Abschied nehmen von dem Begehren nach Rache und Vergeltung. Wer das Schwert als Waffe gegen andere gebraucht, der wird das Leben verfehlen und durch das Schwert umkommen. Wer in der Lage ist, sich selbst in Zucht zu nehmen, der erfährt die Kraft dieses Schwertes.

Dunkel oder Licht?

Der Weg zur Erleuchtung

Als der japanische Kriegsherr Tokimune erfuhr,
dass ein mongolisches Heer im Begriff sei,
an der japanischen Küste zu landen,
begab er sich zu seinem Lehrer Bukko und sagte:
»Die entscheidende Stunde meines Lebens
ist gekommen.«
Bukko fragte: »Wie willst du ihr entgegentreten?«
Tokimune schrie laut auf.

Aus Japan

Jesus nahm Petrus und die Söhne
des Zebedäus mit sich. Da ergriff ihn Angst und
Traurigkeit und er sagte zu ihnen:
»Meine Seele ist zu Tode betrübt.
Bleibt hier und wacht mit mir.«
Und er ging ein Stück weiter, warf sich zu Boden
und betete: »Mein Vater, wenn es möglich ist,
gehe dieser Kelch an mir vorüber.
Aber nicht wie ich will, sondern wie du willst.«
(...) Da erschien ihm ein Engel und gab ihm Kraft.
Und er betete in seiner Angst noch inständiger,
und sein Schweiß war wie Blut,
das auf die Erde tropfte.

vgl. Matthäus 26,36–39 / Lukas 22,42f.

Annäherung an den Glauben und an Gott vollzieht sich schrittweise, durch Lernen, Betrachten und Vertiefen. Doch der eigentliche Durchbruch ist meist ein punktuelles Ereignis. Im Christentum bezeichnen wir diesen Moment als Gotteserfahrung, im Buddhismus heißt er Erleuchtung, Erwachen, Wesensschau, Satori. Es ist wie ein Blitz, der das Dunkel der Nacht erhellt und sichtbar werden lässt, was dem Auge vorher verborgen blieb, obwohl es bereits da war. Auch wenn danach das Dunkel wieder Raum greift, so ist doch für einen Augenblick die Wahrheit überdeutlich hervorgetreten und hat uns erkennen lassen, wo wir stehen, was uns umgibt. In einem japanischen Haiku-Gedicht des Mönches Buson wird das wunderbar beschrieben: »Ein Blitz: Da, ein Fischer! Gerade wirft er das Netz aus!«

Ein Blitz macht nicht nur ein bisschen hell, er ist die Helligkeit an sich. Gott kann man nicht nur ein bisschen erfahren, sondern nur als absolute Erfahrung, die alles einschließt und aufhebt, was vorher war. Wenn wir einmal diese Erfahrung gemacht haben, können wir nicht mehr dahinter zurück.

Aber wie kommt man zu dieser tiefen Erfahrung? Die Antwort der christlichen Mystiker sind die Worte Jesu: »Man muss Gott lieben aus ganzem Herzen, mit ganzer Seele und mit all seinen Kräften.« Die Antwort des Buddhismus ist ähnlich: »Man muss alles im Leben zurückstellen und sich ganz der Übung widmen.« Das beschreibt freilich nur den Weg und ist keine Erfolgsgarantie. Auch Buddha behauptet nicht, jeden Mönch zur Erleuchtung führen zu können. »Ich bin nur ein Wegweiser«, sagt er im 107. Sutra.

Jeder Mensch, der sucht, wird die Erfahrung machen, dass diese Suche ein dornenreicher und mühsamer Weg ist. Er mag sich anstrengen, wie er will: Gott lässt sich nicht herbeizaubern, nicht herbeidenken und nicht herbeibeten. Gottsuche kann in eine tiefe Krise führen, in ein absolutes Dunkel, an einen Punkt, wo alles sinnlos erscheint, wo sich alles Denken im Kreise dreht. Die Welt, das eigene Leben, alles wird rätselhaft und fremd. Gibt es überhaupt einen Gott? Ist nicht alles eine Illusion? Der Zen-Buddhismus nennt diesen krisenhaften Seelenzustand den »Großen Zweifel«.

Dem Tod entgegentreten

Der junge Kriegsherr Tokimune (1251–1284) in unserem Koan ist auf dem Höhepunkt seiner Macht. Niemand auf dem japanischen Festland kann ihm noch gefährlich werden. Da erreicht ihn die Nachricht von der bevorstehenden mongolischen Invasion; ein mächtiges Heer steht vor Japans Küste. Tokimune ahnt, dass es zu einer blutigen Schlacht kommen wird. Und obwohl er ein erfahrener Soldat ist, steigen Zweifel und Furcht in ihm auf. Er begibt sich zu seinem alten Lehrer Bukko, um Ratschläge einzuholen, wie man den Feind besiegen könne. Bukko erkennt, dass hinter den Fragen des

Feldherrn nach der richtigen Strategie eine ganz andere, existenzielle Frage steht, und er konfrontiert den Feldherrn mit dem Kern von Zweifel und Furcht: »Wie willst du dem Tod entgegentreten?« Tokimune stößt einen lauten Schrei aus. Die Frage des Meister hat sein Herz getroffen.

Die nächtliche Szene am Ölberg, die uns die Evangelisten so plastisch schildern, weckt bei Christen mitunter ein zwiespältiges Gefühl. Hier begegnet uns Jesus plötzlich als ein Mensch, der von Zweifeln gequält wird, der Angst hat vor dem Ende, der Blut schwitzt und den Vater anruft: »Lass den Kelch an mir vorbeigehen!« Ist das derselbe Christus, der mit großer Gelassenheit über seinen Tod, über die Auferstehung und das kommende Reich Gottes spricht, der seine Jünger zur Furchtlosigkeit ermahnt und zum mutigen Bekennen vor den Mächtigen der Welt: »Fürchtet euch nicht vor denen, die den Leib töten, euch aber sonst nichts tun können« (Lk 12,4)?

Die Ölberggeschichte gleicht auffällig Berichten, die wir von vielen Zen-Übenden über das Erlangen der Satori-Erfahrung haben. Ich möchte deshalb etwas ausführlicher darauf eingehen.

Neben dem normalen Klosteralltag kennt man im Zen-Buddhismus Perioden des besonders intensiven Übens und Meditierens. Schon die Buddha-Schüler hatten sich im Frühjahr und im Herbst zu solchen Übungsphasen zusammengefunden. Solche Exerzitien, in Japan

Sesshin genannt, sind bis zum einem gewissen Grade vergleichbar mit christlichen »Einkehrtagen«. Während des Sesshins wird der Meister seinen Schülern unterschiedliche Aufgaben stellen. Zum Beispiel gibt er einem von ihnen das Koan »Der Vogel in der Flasche« zur Übung auf. Es hat folgenden Wortlaut:

»Ein Mönch kam zu Nan-chüang und bat um Unterweisung. Der Meister sagte: »Stell dir Folgendes vor: Du bekommst eine kostbare Flasche geschenkt, in der sich ein Vogelküken befindet. Mit der Zeit wird das Küken größer und größer, sodass es nicht mehr durch den Flaschenhals heraus kann. Nun zeig mir, wie du den Vogel befreist, ohne die Flasche zu zerstören!«

Unser Mönch denkt lange über das Koan nach. Stunde um Stunde verbringt er in der Meditationshalle und versucht, das Rätsel vom Vogel in der Flasche zu durchdringen. Er wird müde und hungrig. Durch das lange Sitzen im Lotussitz stellen sich Schmerzen in den Fußgelenken und im Rücken ein. Die Nacht wird zum Tag und der Tag zur Nacht. Im Sesshin wird die Schlafenszeit absichtlich verkürzt; alles geschieht in großer Eile. Kein Augenblick soll versäumt werden, um zum Durchbruch zu gelangen. »Wenn nicht angespornt, kein Erwachen; wenn nicht in die Enge getrieben, kein Durchbruch«, sagt ein Zen-Spruch, und in der japanischen Meditationshalle steht immer ein älterer Mönch bereit, um einem müden oder unkonzentriert übenden Mönch einen Schlag mit dem »Warnstock« zu versetzen. Das dient nicht zur Bestrafung, sondern zur Unterstützung des Meditierenden.

Als unser Mönch einige Tage später dem Meister im Klostergarten begegnet, fragt dieser: »Sag, was ist aus dem kleinen Vogel in der Flasche geworden? Wartet er noch immer sehnsüchtig auf seine Befreiung?« Der Schüler weiß nichts zu entgegnen. Erneut beginnt er zu meditieren – Tag und Nacht. »Der Vogel in der Flasche« ist zum einzigen Gedanken in seinem Kopf geworden, erkennt er in dem Beispiel doch ganz unmittelbar seine eigene Notsituation. Er fühlt sich gefangen wie der Vogel. Ob vor oder zurück, überall stößt er an Wände, nirgends sieht er einen Ausweg. Er betrachtet nicht mehr das Koan – er ist selbst zu diesem Koan geworden, zum Vogel in der Todesfalle! Das ist der Augenblick des »Großen Zweifels«.

Fragen wir uns doch einmal, wie wir dieses Koan lösen würden. Ein Vorschlag wäre, das Bild vom Vogel in der Flasche so deuten: Die Seele des Menschen ist wie ein Küken, das in einen Körper hineingeboren wird und heranwächst. Die Seele kann diesen Körper nicht verlassen, ohne dass der Körper zerstört würde. Damit wären wir bei dem alten Leib-Seele-Problem, das sich durch die ganze abendländische Philosophie zieht.

Der christliche Glaube hat uns gelehrt, dass der Leib sterblich, die Seele aber unsterblich ist. Der Tod zerstört den Leib, das Gefäß der Seele, und die Seele wird zu Gott emporgehoben. Leib und Seele sind also gänzlich verschieden voneinander. Man bezeichnet ein solches Denken in Gegensätzen auch als dualistisches Denken. Andere Beispiele für Dualismen sind z.B. Licht und Dunkel, Gut und Böse, Wahrheit und Lüge, Tod und Leben. Wenn wir an der dualistischen Vorstellung von Leib und Seele festhalten, gibt es in der Tat keine Lösung des Koans. Erst durch den Tod würde die Seele befreit. Hat unser Mönch einen Weg gefunden? Noch einmal begegnet er dem Meister. »Zeig mir, was du mit dem Vogel gemacht hast!«, herrscht der Meister ihn an. Der Mönch ist verzweifelt. Da ruft der Meister den Namen des Mönches.

Der Mönch antwortet: »Ja?« Der Meister lächelt und sagt: »Siehst du, der Vogel ist frei!«

Wieder ein rätselhaftes Verhalten des Meisters, so scheint es. Erst stellt er dem armen Mönch vor ein schweres Problem und dann löst er es mit ein paar Worten. Aber genau das ist Zen. Für Meister Nan-chüang gibt es kein Leib-Seele-Problem. Nicht in einer Flasche, sondern in seinen falschen Vorstellungen ist der Mönch gefangen. Das ganze Problem des Vogels in der Flasche existiert nur in seinem Kopf, weil er dualistisch zu denken gewohnt ist. Leib und Seele, außen und innen, frei und unfrei – all das sind Vorstellungen, die nicht die Wirklichkeit treffen. Die Seele war nie im Leib gefangen und bedarf deshalb auch keiner Befreiung. Der Meister ruft den Namen des Mönches und dieser antwortet spontan mit »Ja!« Dieses »Beim-Namen-Rufen« begegnet uns ganz oft in Zen-Geschichten als Auslöser für eine Erleuchtung. Wenn unser Name fällt, antworten wir nicht nur mit dem Mund. Wir wissen uns als Ganzes angesprochen und gemeint. Hinter der Chiffre des Namens und der Buchstaben steht ein Mensch mit Leib und Seele. Auch der Gott der Bibel ruft die Menschen beim Namen: »So spricht der Herr: Fürchte dich nicht, denn ich habe dich beim Namen gerufen; du gehörst mir!« (Jes 43,1)

Na schön, könnten wir sagen, dann denken wir von nun an Leib und Seele als Einheit und das Problem ist gelöst. Ja, wenn Zen nur ein Gedankenspiel wäre, hätten wir recht! Doch Zen ist *Leben*. Erst wenn wir die Einheit von Leib und Seele nicht nur denken, sondern spüren und zum lebendigen Ausdruck bringen, haben wir das Labyrinth des Koans hinter uns gelassen. Das ist ein Augenblick, in dem sich Satori ereignen kann.

Satori muss jeder Mönch allein erreichen. So, wie er nicht satt werden kann, wenn ein anderer für ihn isst, so wenig kann er durch die Übernahme der Gedanken anderer Menschen Satori erreichen. Lehrer können in diesem Prozess nur Hilfestellung leisten, so wie eine Glucke, die an der Eischale pickt oder der Meister, der den Namen des Mönches ruft; aus dem Ei herauskommen muss das Küken aus eigener Kraft. Oder der Vogel aus der Flasche.

Im Allgemeinen sprechen Zen-Mönche nicht über die Erleuchtungserfahrung. Ihr Wesen ist in Worten nicht wiederzugeben. Wenn es trotzdem geschieht, dann in Andeutungen, Vergleichen und Bildern. Ein solches Zeugnis gibt der Zen-Meister Kosen Imakita: »Als ich eines Nachts in Meditation versunken war, geriet ich plötzlich in einen ganz merkwürdigen Zustand. Ich war wie tot. Alles war wie abgeschnitten. Es gab kein Vorher und kein Nachher mehr. Das Einzige, was ich fühlte, war, dass das Innere meines Selbst vollkommen geeint war und erfüllt war von allem, was oben und unten und ringsum ist. Ein grenzenloses Licht strahlte in mir. Nach einer Weile kam ich wieder zu mir wie einer, der von den Toten auferstanden ist.«[11]

Der große Zweifel

Jesus, der mit seinen Jüngern die Nacht am Ölberg verbringt, in Erwartung der Häscher, wird von einer existenziellen Angst ergriffen. Sein Geist ist ruhelos; an Schlaf ist nicht zu denken. »Wachet mit mir ...« Aber die Jünger sind erschöpft und müde. Mehrfach, so berichten die Evangelisten, zieht sich Jesus an einen einsamen Ort zurück, um zu beten. Er ist allein wie jeder Mensch in der Entscheidung. Der Evangelist legt ihm in frommer Absicht die Worte dieses (von niemandem gehörten) Gebetes in den Mund: »Mein Vater, wenn es möglich ist, gehe dieser Kelch an mir vorbei.«

Jesu Weg ist nicht festgelegt. Er verläuft nicht nach einem starren Schema. Dass am Ende das Kreuz steht, heißt nicht, dass alles so und nicht anders kommen musste. Wer behauptet, Jesus habe am Kreuz sterben müssen, unterstellt Gott, er habe nur im Sinn gehabt, einen Menschen zu opfern und deshalb alles drangesetzt, ihn ans Kreuz zu bringen. Jesus wäre kein freier Mensch mehr, sondern eine Marionette. Ebenso vermessen wäre die Behauptung, Jesus sei sich der »Auferstehung am dritten Tage« sicher gewesen. Die Ölbergnacht ist keine Inszenierung, kein Scheingefecht, sondern der »Große Zweifel«.

Der Jesuit Hugo Enomiya-Lassalle sieht in jeder Zen-Meditation eine Einübung in das Sterben. Sie ist für ihn der radikale Sprung ins Nichts, das Zulassen einer Lebensbedrohung, aber auch das Erlebnis des in uns wachsenden Todes-Mutes. Bewusstseinserweiterung ereignet sich immer in Grenzsituationen, wo der Mensch bereit ist, alles zu lassen und sich für etwas Neues zu öffnen.[12] Wenn es um die Grundfragen unserer Existenz geht, hilft Logik nicht weiter. Im »Großen Zweifel« kulminiert die Erfahrung, eigentlich nichts zu wissen, zur körperlich-geistigen Katastrophe. Es ist eine ganzheitliche Erfahrung, vergleichbar mit einem verzweifelten Schrei.

Der Jesuitenpater Alfred Delp notierte 1944 in einer Gefängniszelle in Berlin-Tegel: »Es fehlt vielleicht uns modernen Menschen nichts so sehr als die echte Erschütterung: wirklich da, wo das Leben fest ist, seine Festigkeit zu spüren, und da, wo es labil ist und unsicher ist, und haltlos ist und grundlos ist, das auch zu wissen und das auch auszuhalten. Das ist vielleicht die allerletzte Antwort auf die Frage, warum uns Gott in diese Zeit geschickt hat und warum er diesen Wirbel über die Erde gehen lässt und warum er uns so ins Chaos hineinhält und ins Aussichtslose und Dunkle und warum von all dem kein Ende abzusehen ist: weil wir in einer ganz falschen und unechten Sicherheit auf der Erde gestanden haben. (...) In der Todesnähe fällt alles Unechte und Verkrampfte von uns ab und der Mensch gibt und zeigt sich, wie er ist.«[13] Und der 1943 von den Nationalsozialisten hingerichtete Lübecker Kaplan Johannes Prasseck schrieb auf die Titelseite seiner Bibel: »Wer sterben kann, wer will den zwingen?«

In der Erleuchtungserfahrung stirbt der buddhistische Mönch den »Großen Tod« – im Gegensatz zum leiblichen Tod am Ende seines Lebens. Es ist der Augenblick, wo die grundlegende Angst vor dem Tod (und damit auch vor dem Leben) überwunden wird. Jesus lehrt seine Jünger: »Wenn das Weizenkorn nicht in die Erde fällt und stirbt, bleibt es allein; wenn es aber stirbt, bringt es reiche Frucht.« (Joh 12,24) Genau betrachtet stirbt das Weizenkorn nicht, wenn es ausgesät wird; vielmehr sprengt es nur seine Außenhaut, seine Abkapselung von der Welt, um aufzublühen, Frucht zu tragen und Leben zu spenden. Das ist der »Große Tod«, der uns nicht länger allein und einsam bleiben lässt, sondern Anteil gibt an der Fülle des Lebens. Der

Mensch, der durch den »Großen Zweifel« gegangen und den »Großen Tod« gestorben ist, wird nicht nur fähig, sein Leben anzunehmen, sondern kann Glück und Leid dieses Lebens für sich fruchtbar machen. Er leidet nicht weniger als andere Menschen, aber er kann leiden. Diese Erfahrung wohnt allen Religionen inne: Der Mensch, der seinen Tod bejaht, nimmt auch sein Leben und sein Schicksal an. In der Ölberggeschichte heißt es: »Da erschien Jesus ein Engel und gab ihm Kraft.« Diese Kraft kommt aus der Bejahung, aus dem »Nicht wie ich will – sondern wie du willst ...«

Es ist symptomatisch für den modernen Menschen und die Kultur, die er sich geschaffen hat, dass die Verdrängung des Todes immer mehr zunimmt. Die entscheidende Frage unseres Lebens: »Wie gehe ich mit der Tatsache um, dass ich sterben muss?« wird nicht mehr gestellt oder erfolgreich verdrängt. Aber ohne eine Antwort können wir – so paradox das klingt – nicht glücklich leben. Zweifel und Verzweiflung werden uns immer wieder anspringen.

Der japanische Schwertmeister Bokuden, der uns bereits in einer anderen Geschichte begegnete, dichtete am Ende seines Lebens:

»Das letzte Ziel der Zucht des Samurai
und jeder Zucht, von welcher Art sie sei,
ist eins und eins allein:
im Angesicht des Todes bereit zu sein.«

Ich oder du?

Der Weg zur Ein-Sicht

Ein Schüler: »Was ist das Wesen Buddhas?«
Meister Seppo: »Ich bin ihm niemals begegnet.«
Der Schüler: »Wieso nicht?«
Meister Seppo: »Wo erwartest du ihn zu sehen?«

Abt Seppo

Jesus sprach: »Ich bin der Weg, die Wahrheit
und das Leben; niemand kommt zum Vater außer
durch mich. Wenn ihr mich erkannt habt,
werdet ihr auch meinen Vater erkennen.
Schon jetzt kennt ihr ihn und habt ihn gesehen.«
Philippus sagte zu ihm: »Herr, zeig uns den Vater;
das genügt uns.« Jesus antwortete ihm:
»Schon so lange bin ich bei euch,
und du hast mich nicht erkannt?
Wer mich gesehen hat, hat den Vater gesehen.«

Johannes 14,6–10

»Was ist das Wesen Buddhas?« ist eine häufig gestellte Frage bei Zen-Übungen. Entsprechend zahlreich und für den Laien oft verwirrend sind die Antworten. Sie reichen von »der Zypressenbaum im Garten« über »eine Lehmfigur, mit Gold verziert«, »ein alter Mann mit bloßem Oberkörper und nackten Füßen« bis hin zur barschen Zurückweisung der Frage: »Was soll dieser Unfug?«

Auch die Antwort Seppos (822–908) ist verblüffend. Er behauptet, es nicht zu wissen, denn er sei Buddha nie begegnet. Vom Standpunkt des Mönches betrachtet muss das wie Hohngelächter klingen, denn schließlich lehrt Seppo wie alle buddhistischen Meister, dass der Mensch in der Erleuchtung (Satori) das Wesen Buddhas erfahre. Da ein Abt als »erleuchtet« gilt, kann Seppo nicht ernsthaft behaupten, Buddha nicht begegnet zu sein. Es wäre so, als würde der Papst sagen, er habe nie im Leben etwas von Gott gehört. »Wieso nicht?«, bohrt der Mönch deshalb weiter. Eine Frage, die unschicklich ist, da im Meister-Schüler-Gespräch Fragen wie »Warum?« und »Wieso?«, die nach rationalen Gründen suchen, zurückgewiesen werden. Der Schüler soll dem Meister nicht erklären, wie ein Koan zu lösen ist, er soll ihm die Lösung durch sein Verhalten zeigen. Aber Seppo ist an diesem Tag nachsichtig mit seinem Schüler. »Wo erwartest du ihn zu sehen?«, fragt er zurück.

Es gibt keinen Gott, den man mit dem Verstand begreifen oder mit Worten erfassen könnte. Alles Spekulieren über das Wesen Gottes führt zu Un-Sinn. Gott ist größer und anders, als es unser Verstand erfassen könnte. Deshalb verbietet das Judentum streng, sich ein Bild von Gott zu machen, und deshalb weist Seppo die Frage so barsch zurück. Der Schüler soll sich nicht an irgendwelche Vorstellungen von Buddhas Wesen klammern, die er von seinen Eltern, aus der Schule oder von anderen Mönchen übernommen hat, sondern dieses »Wesen« selbst und unmittelbar erfahren. »Gebrauchst du Worte, so verfehlst du es«, mahnt ein Zen-Spruch. Zen vermittelt kein Wissen, das man durch das Lesen von Büchern, das Anhören von Predigten oder durch Befragen des Abtes Seppo erwerben könnte. Es ist eine Erfahrung, die jeder Schüler selber machen muss. Würde ein Christ auf die Frage eines Zen-Meisters: »Was ist Gott?« antworten: »Die Heilige Dreifaltigkeit«, so würde jener vermutlich zurückfragen: »Wie hast du das denn erfahren?« oder ihn auffordern: »Dann zeig sie mir!«

Zen – eine Geheimlehre?

Die Zen-Meister werden nicht müde, alle Erwartungen zurückzuweisen, man könne durch die Erleuchtung geheimes Wissen oder übersinnliche Kräfte erlangen, auch wenn das einfache Volk vielen Meistern solche Fähigkeiten zuschrieb. Schon im frühen Buddhismus müssen Vorstellungen dieser Art durch den Orden gegeistert sein. Da ist die Rede davon, Buddha könne sich unsichtbar machen, durch Mauern oder Felsen hindurchschweben, auf dem Wasser wandeln, den Mond mit den Händen befühlen oder in den Götterhimmel aufsteigen. Die Textforschung hat gezeigt, dass solche Legenden erst spät in die Sutras eingeflossen sind, um das Ansehen Buddhas zu steigern. Er selber hätte wahrscheinlich nur gelächelt und gefragt: »Wozu sollte das gut sein?« Immerhin, viele Menschen haben daran geglaubt oder glauben noch daran.

Auch Huang Shan-ku, ein Staatsmann der Sung-Dynastie, wittert ein Geheimnis, als er nach einer Einführung in den Zen-Buddhismus den Abt Hui-t'ang bittet: »Du hast mir sicher etwas vorenthalten. Lehre mich deine geheime Lehre!« Die beiden sind auf einem Spaziergang; es ist Frühling, der wilde Lorbeer blüht und die Luft ist voller Wohlgeruch. Meister Hui-t'ang bleibt stehen und flüstert: »Riechst du was?« Huang Shan-ku nickt. »Siehst du«, sagt Hui-t'ang, »ich kann dir nichts vorenthalten.«

Die Ganzheitserfahrung, um die es Zen geht und die im Satori aufleuchtet, ist so einfach und elementar, dass jeder Mensch, gleich welchen Bildungsgrades, sie machen kann. Der Buddhismus behauptet sogar, dass jeder von uns sie bereits gemacht hat, in der Regel jedoch, ohne sich dessen bewusst zu sein. Auch Jesus sagt: »Ihr alle könnt den Vater sehen, ja, ihr habt ihn längst gesehen, ohne es zu bemerken.« Es kommt also nicht darauf an, wo, sondern wie man Gott (oder Buddha) sucht.

Die Vorstellung, dass Gott oder die Götter weit entfernt von den Menschen in einem unzugänglichen Bereich existieren, hat viele Jahrtausende die Religionen der Menschheit geprägt – und zugleich die Fantasie beflügelt. Wie Gott sei, das malte man sich in schönen oder schrecklichen Bildern aus. Im Alten Testament bahnt sich eine Wende an. Gott offenbart sich Mose und nennt seinen Namen: »Ich bin der Ich-bin-bei-Euch.« Jahwe ist kein fernes, unerreichbares Wesen, er kommt auf die Menschen zu, ist bei ihnen, will unter ihnen wohnen. Die jüdischen Schriftgelehrten beeilten sich aber, vor dem »Allerhöchsten« eine Mauer zu errichten, einen Vorhang der Pietät und der Gesetzesvorschriften wie im Tempel von Jerusalem. Was hinter den Mauern und hinter dem Vorhang war, durfte das Volk nicht sehen.

Der Evangelist Matthäus berichtet, dass in dem Augenblick, als Jesus am Kreuz starb, der Vorhang im Tempel zerriss. Die von Menschen errichtete Mauer ist gefallen, der »Vater im Himmel« nicht länger ein Außerhalb-Seiender, ein Objekt. Im Glauben kommt Gott zu uns und wir zu ihm. Aber eigentlich stellen wir nur fest, dass wir schon immer mit ihm vereint waren, denn »keinem von uns ist er fern. In ihm leben wir, bewegen wir uns und sind wir.« (Apg 17,27f.) Die Bergpredigt Jesu lässt Umrisse dieses Gottesbildes erkennen. Es ist ein Gott der Liebe, der Güte und des Erbarmens. Ein Gott, dem es nicht um äußere Vollzüge, sondern um innere Haltung geht, der »keine Opfer will, sondern Barmherzigkeit« (Hos 6,6). Die Beziehung zwischen Gott und den Menschen ist keine Vernunft-, sondern eine Liebesbeziehung.

Ein Mönch fragte Wei-kuan: »Wo ist Buddha?« Wei-kuan antwortete: »Er steht direkt vor dir.« Darauf der ratlose Mönch: »Weshalb sehe ich ihn nicht?« Der Meister erwiderte: »Solange es ein Ich und Du gibt, kann man ihn nicht schauen.« Der Mönch dachte nach und fragte dann: »Kann man ihn sehen, wenn es weder Ich noch Du gibt?« Wei-kuan schüttelte unwillig den Kopf: »Wenn es kein Ich und kein Du gibt, wer sollte dann sehen können?«

»Gott zu schauen«, wie es die Mystiker anstrebten, ist kein Akt des Verstandes oder der Sinne. Deshalb »sehen« wir ihn auch nicht vor uns wie ein Objekt unserer Dingwelt. Meister Eckehart sagt, dass Gott-Schauen nur dann gelingen kann, wenn der Mensch ganz in Gott aufgeht, ganz »leer« wird. Diese Entleerung strebt auch die Zen-Meditation an. »Buddhaschaft« wird nur da erfahren, wo es keinen polaren Gegensatz von »Ich« und »Du« mehr gibt. Allerdings kann sich der Mensch in einem solchen Seelenzustand des Geschauten nicht bewusst werden. Er muss also zurückkehren in sein gewöhnliches Bewusst-Sein, dort, wo »Ich« und »Du« wieder getrennt sind. Damit gerät er aber auch in das Dilemma, seine Erfahrung im Nachhinein nicht beschreiben zu können. Das Aus-sich-Herausgehen und Zu-sich-Zurückkommen in der Meditation vergleicht Eckehart mit dem biblischen Gleichnis von dem Edelmann, der auszog, ein Königreich zu gewinnen, und der, als er es gefunden hatte, wieder zurückkehrte in seine Heimat. (Lk 19,12ff.)

Gott finden

Die Schlussfrage des Abtes Seppo geht auch an uns: Wo erwarten wir Gott zu finden? Oft scheint es, als wüssten wir ganz genau, wie er aussieht, wo er anzutreffen ist. Wir laufen mit seinem Steckbrief herum und zeigen ihn überall vor. Wie Gott ist und was er denkt, davon haben wir bestimmte Vorstellungen. Meist sind sie hausbacken und auf unsere Interessen zugeschnitten. Mal ist Gott kleinlich und rachsüchtig, dann wieder großzügig und liebevoll. Ein bisschen vergesslich und blind auf einem Auge wünschen wir ihn uns auch, angesichts unserer schlechten Taten und halbherzigen Vorsätze. Wir wollen ihn für alles verantwortlich machen, er soll sich um alles kümmern, er ist unser Notgroschen und unser Vorzeigeobjekt. Zu oft musste Gott für die Ziele der Menschen herhalten, zu oft diente er den Herrschenden zur Unterdrückung des

Denkens, den Eltern zur Einschüchterung der Kinder, den Kirchen zur Disziplinierung der Gläubigen.

»Wo erwartest du Gott zu finden?« Manche suchen ihn in einem Tresor, andere in einem Schnapsglas, wieder andere unter der Motorhaube oder im Freudenhaus. Man sollte nicht zu schnell urteilen und verurteilen. Gott ist auch da, wo wir ihn nicht vermuten. Er steht direkt vor uns, wie Meister Wei-kuan bemerkt. Wer Gott außerhalb der »bösen« Welt sucht, der schließt das Leben aus. Wer die Welt verächtlich fortwirft, der wirft auch Gott fort.

Als Rabbi Jizchak Meir ein kleiner Junge war, brachte ihn seine Mutter einmal zum Maggid von Kosnitz. Da fragte jemand: »Jizchak, ich gebe dir einen Gulden, wenn du mir sagst, wo Gott wohnt.« Er antwortete: »Und ich gebe dir zwei Gulden, wenn du mir sagen kannst, wo er nicht wohnt.«[14]

Reden oder Schweigen?

Der Weg zur Versenkung

Eines Tages verweilte Meister Gensha so lange im
Schweigen, dass die Mönche annahmen,
er würde nichts mehr sagen,
und die Versammlungshalle verließen.
Da rief der Meister ihnen nach: »Wenn ich meine Lippen
öffne, versammelt ihr euch, um meine Worte aufzufangen
und darüber nachzudenken.
Wenn ich meine Lippen schließe,
um euch zu belehren, dann lauft ihr fort.
Ihr werdet in der Tat unglücklich werden.«

Aus Japan

In aller Frühe, als es noch dunkel war,
stand Jesus auf und ging an einen einsamen Ort,
um zu beten. Simon und seine Begleiter eilten ihm nach
und als sie ihn fanden, sagten sie zu ihm: »Alle suchen dich.«

Markus 1,35–37

Wir sind im alltäglichen Leben darauf angewiesen, mit Menschen zu sprechen, zuzuhören, Neues aufzunehmen. Wir lernen durch Erfahrungen und Eindrücke. Deshalb ist die oft geschmähte »laute Welt« unser primäres Lernfeld. Aber je mehr sich uns diese Welt aufdrängt, desto mehr spüren wir, dass in uns ein tiefes Verlangen nach Stille ist. »Es gibt kaum etwas, das dem westlichen Menschen so fehlt wie die Stille«, schreibt Karlfried Graf Dürckheim, der 1988 verstorbene deutsche Zen-Lehrer. »Der Lärm hält uns in seinem Bann, der Lärm der Welt, aber mehr noch das innere Getön der uns umgebenden Sorgen, der unterdrückten Gefühle, der verdrängten Triebe, Süchte und Sehnsüchte, vor allem aber das Stöhnen, das aus der Spannung zu unserem unbefreiten Wesen herstammt. (...) Wir fliehen in das Viele, das um uns und in uns tönt, und verfehlen das Eine, das Not tut.«[15]

In der Bibel lesen wir, dass Jesus die Einsamkeit liebte. Er zog sich zum Fasten in die Wüste zurück, er floh vor der Volkmasse auf einen Berg oder ließ sich von den Jüngern auf den See Gennesaret hinausrudern.

»Herr, alle suchen dich«, sagen die Jünger zu Jesus, als sie ihn nach aufgeregter Suche an einem abgelegenen Ort gefunden haben. Das klingt wie ein Vorwurf: »Was machst du hier? Die Leute warten auf dich! Halte eine Predigt!« Das ist wie das Drängen eines modernen PR-Agenten, der seinen Star dem Publikum präsentieren will. Jesus kommt solchen Erwartungen nicht nach. Er entzieht sich, wenn man ihn drängt.

Das Schweigen Jesu hat eine Bedeutung, auf die bereits Ignatius von Antiochien aufmerksam gemacht hat. In einem Brief an die Epheser heißt es: »Wer Christi Wort besitzt, kann auch sein Schweigen vernehmen.« Jesus ist kein Marktschreier, der seine Ware unter das Volk bringen will, kein Schönredner. Jesus bezog das Prophetenwort auf sich: »Der Knecht des Herrn wird nicht zanken und nicht schreien, noch wird man auf den Straßen seine Stimme hören.« (Jes 42,2) Von Jesus ging kein Lärm aus. Wenn es um ihn laut wurde, dann war es das Volk, das jubelte oder »Kreuzige!« schrie. Was Jesus sagt, ist knapp und prägnant und mit großer Gelassenheit gesprochen. Schweigen und Gelassenheit gehören zusammen. Jesus ist ein Mensch, der in sich selbst ruht. Er schweigt über das Geheimnis seiner Person. Petrus, der zu ihm sagt: »Ich weiß es, du bist der Messias« (Mk 8,29), wird zurechtgewiesen. Jesus überlässt es Gott, ans Licht zu bringen, was es mit seiner Person auf sich hat. Wo er scheinbar über sich selbst spricht – etwa im Johannesevangelium – ist es die Ausdrucksweise des nachösterlichen Schreibers, der das Glaubensbekenntnis der frühen Christen »Er ist das Licht der Welt, er ist der Weg, die Wahrheit, das Leben, er ist der Gute Hirte« in die Ichform bringt.[16]

Jesus schweigt bis in die Todesstunde hinein. Selbst auf die anklagenden Fragen der Hohen Priester antwortet er mit Schweigen (Mt 26,62). Jesus lässt sich nicht auf den Streit der Worte ein. Das erzeugt bei seinen Gegnern Ratlosigkeit und das Gefühl von Ohnmacht. Einem Menschen, der schweigt, ist schwer beizukommen. Das einzige, was Pilatus einfällt, ist Jesus körperlich misshandeln zu lassen. An den Kern dieses Menschen aber kommen Folterknechte erst recht nicht heran.

Wegen des Schweigens und der Zurückhaltung Jesu sind seine Worte von aufrüttelnder Wirkung. Sie treffen im Innersten. Die Menschen, die ihm zuhören, staunen und sagen: »Woher hat er das? Was ist das für eine Weisheit, die ihm gegeben ist?« (Mk 6,2) Jesus spricht wie einer, der wirklich etwas zu sagen hat. Solch machtvolle Rede ist nicht denkbar ohne ein ebenso machtvolles Schweigen.

Stille als Rückzug?

Es ist ein typisches Fehlurteil westlicher Menschen, Schweigen und Stille als Rückzug in sich selbst zu verstehen, unter Umständen sogar als Verlegenheit oder Dummheit. Wir sind mit Worten immer schnell dabei. Im indischen Kulturkreis dagegen hat Schweigen keinen negativen Beigeschmack. Das zeigt sich schon in der alltäglichen Gewohnheit, durch Schweigen Zustimmung auszudrücken. Ein Schüler darf sich also nicht wundern, wenn der Meister auf Fragen vielleicht nur mit Schweigen reagiert. Andere Zen-Meister bestraften ihre Schüler mit Stockschlägen, wenn sie eilfertig den Mund aufmachten. Das Verbieten des Wortes ist der Versuch, ein bloßes Nachplappern zu verhindern. Schweigen ist auch ein Verstummen vor dem Geheimnis, ein Zeichen von Ehrfurcht.

Jesus und Buddha machen uns darauf aufmerksam, dass es Situationen gibt, in denen Worte nichts bewirken oder bedeutungslos sind. Ihr Schweigen ist Weisheit und Barmherzigkeit. Es hat immer Vorrang vor dem Tun: die Liebe vor der Leistung, die Gesinnung vor dem Werk, das Sich-selbst-treu-Bleiben vor dem Erfolg, die Stille vor dem Lärm, die Gelassenheit vor der Aktion. Stille und Schweigen schaffen jenen Freiraum, in dem der Mensch alle Möglichkeiten seines Seins und Handelns als »offen« erfährt.

Buddha begegnet uns in den 149 Sutras, die im Pali-Kanon gesammelt wurden, immer als Sprechender und Lehrender. Bedenkt man jedoch, dass Buddha fast 50 Jahre als Wandermönch unterwegs war, so wird deutlich, dass sein Leben nicht in erster Linie aus Reden, sondern aus Zurückgezogenheit, Schweigen und Meditation bestand. Oft mussten ihn seine Schüler erst suchen, um ihm eine Frage zu stellen. Zu Buddhas Lieblingsplätzen gehörten Wälder und Berggipfel, wie etwas der Geiergipfel bei Rajagaha, eine natürliche Plattform am Südhang eines Berges, von wo aus man einen weiten Blick ins Tal hatte. Dorthin ging Buddha sogar bei Regenwetter oder nachts. Er hatte eine Vorliebe für liebliche Landschaften, was wohl mit einer kindlichen Erfahrung zusammenhing. »Ich erinnere mich, dass ich einst, als mein Vater beschäftigt war, im kühlen Schatten eines Apfelbaumes saß und mich dort frei fühlte von Wünschen und Sorgen, frei von dem Verlangen nach Sinneslüsten und unheilsamen Regungen. Und ich dachte: Dies könnte der Weg zum Erwachen sein.«

Hier begegnet uns Buddha ganz menschlich. Er genießt die Ruhe. Wir können seine Empfindungen unmittelbar nachvollziehen. Einen vergleichbaren Text finden wir nirgends in den Evangelien. Nur die Verklärung Christi lässt eine ähnliche Saite anklingen. »Herr, es ist gut, dass wir hier sind«, sagt Petrus voll Inbrunst, nachdem Jesus, Petrus, Jakobus und Johannes den Berg Tabor erstiegen haben, von wo aus man weit über die Hügellandschaft Galiläas blicken konnte. Für wenige Stunden sind sie dem Alltag entrückt, geben sich ganz dem Augenblick hin. Kann es nicht immer so schön sein? Und sie machen den Vorschlag, drei Hütten zu bauen (Mt 17,4). Nur allzu gern würden sie sich einrichten in dieser heilen Welt. Aber der Weg Jesu führt zurück in den Alltag. Die Jünger müssen von dem hohen Berg hinabsteigen in die »Niederungen«, in den Lärm, in das geschäftige Treiben der Menschen. Das ist ein Gleichnis für den Sinn von Versenkung und Meditation: auf einen »hohen Berg« zu steigen, dort aber nicht zu verweilen, sondern zurückzukehren in den Alltag.

Buddhistische Meditation

Meditation im buddhistischen Sinn ist keine Meditation über einen Gegenstand oder ein Thema. Hier steht kein Andachtsbild im Mittelpunkt, kein Schriftwort, keine Musik, sondern das, was hinter den Bildern, Worten und Tönen zu suchen ist und diese erst entstehen lässt. Meditation ist immer eine Begegnung mit dem Urgrund. Buddha, der in einer frühen buddhistischen Hymne der »Herr des Schweigens« genannt wird, gibt uns einen Einblick in seine Meditationsmethode: »Ein Mönch soll einen abgelegenen Platz aufsuchen, am Wald oder unter einem Baum, auf einem Berg, in einer Grotte oder auf einem Friedhof. Mit gekreuzten Beinen, den Oberkörper gerade aufgerichtet, soll er Achtsamkeit üben. Weltliche Wünsche, Übelwollen und Schadenfreude, Trägheit und Schlaffheit soll er ablegen, ebenso ruheloses Grübeln und Gewissensunruhe. So erreicht er die erste Stufe der Versenkung und verbleibt darin. Dann bringt der Mönch das Nachdenken und Überlegen zur Ruhe. In seinem Inneren wird es still, sein Geist ist auf einen einzigen Gegenstand gerichtet, und so erreicht er die aus der Geistsammlung entstandene, von Nachdenken freie, von Freude und Wohlbehagen erfüllte zweite Stufe der Versenkung. Das ist so, wie wenn ein Teich, der von einer inneren Quelle gespeist wird, von dem in ihm selbst entspringenden kühlen Wasser ganz durchströmt wird.« (39. Sutra)

Wie heute buddhistische Meditation geübt wird, beschreibt der Jesuit Hugo Enomiya-Lassalle aus der Praxis eines christlichen Zen-Klosters: »Der Übende sitzt auf dem Boden auf einer 6–10 Zentimeter hohen, festen Unterlage, sodass das Becken immer höher als die Knie auf der Unterlage aufruht. Der rechte Fuß liegt auf dem linken Oberschenkel mit der Fußsohle nach oben gerichtet. Aus diesem sehr stabilen Bodensitz richtet sich der Oberkörper kerzengrade auf, sodass Wirbelsäule und Hinterkopf, Nabel und Nasenspitze im Lot übereinander stehen. Die Augen bleiben halb geöffnet und sind etwa 1–2 Meter vor dem Meditierenden auf den Boden gerichtet. Sinn dieser Leibeshaltung ist es, das physische Gleichgewicht mühelos ohne jede Muskelanstrengung zu halten. Die körperliche Ruhestellung erleichtert wesentlich die allmähliche Beruhigung der Sinne bis hin zu einem Nullpunkt totalen Schweigens.«[17]

Man darf Meditation nicht als eine Art Entspannungsübung missverstehen. Die Versuchung ist groß, angenehme Empfindungen, wie sie Buddha in den ersten Stufen der Meditation beschreibt, zeitlich ausdehnen und jederzeit verfügbar machen zu wollen. Graf Dürckheim bemerkt, dies sei nichts weiter als eine Körperübung, die »eine vorübergehende Befreiung von Verspannung und Krampf bringt und dem Übenden, weil sie ihm etwas Ruhe verschafft, vortäuscht, dabei schon etwas für den inneren Weg gewonnen zu haben. In Wahrheit verführt sie ihn dazu, dass er sich in einer Verfassung festigt, die nur seiner Welt-Kraft zugute kommt.«[18] Mit anderen Worten: Wer Meditation zur Steigerung seiner Leistungsfähigkeit missbraucht, verfehlt den Sinn der Übung und gerät anschließend noch tiefer in das Getriebe der Welt. Buddha warnt: »Wenn jemand Versenkung übt, der sich nach Sinnesfreuden sehnt, müde und schlaff, aufgeregt oder innerlich unruhig ist oder in Zweifeln schwankt, dann ist seine Versenkung nicht zu loben.« (108. Sutra)

Viele westliche Menschen glauben, es sei unbedingt erforderlich, dass man im Lotussitz meditiere. In der Zen-Literatur finden wir viele Beispiele, die dies verneinen. Der Mönch Ma-tsu (709–788) übte täglich im Lotussitz. Der Meister fragte ihn: »Zu welchem Zweck sitzt du da?« Ma-tsu antwortete: »Ich sitze, um erleuchtet zu werden.« Der Meister nahm einen Tonziegel und rieb ihn an einem Stein. Ma-tsu fragte: »Was tut der Meister da?« Der Meister sprach: »Ich poliere den Ziegel, um einen Spiegel daraus zu machen.« »Wie kann durch Polieren eines Ziegels ein Spiegel entstehen?«, wunderte sich der Mönch. »Wie kann man durch Herumsitzen erleuchtet werden?«, fragte der Abt zurück.

Kontemplation verlangt nach Ergänzung durch Aktion, sonst ist sie nur eine faule, unfruchtbare Ruhe, eine Stilllegung des Menschen. Man kann Meditation nicht wirklich und fruchtbar vollziehen, wenn man nicht bereit ist, sein Leben von innen her zu ändern. Dass Aktion und Kontemplation zusammengehören, ist seit vielen Jahrhunderten eine Erkenntnis, die auch die christlichen Orden geprägt hat. Aus der Kontemplation schöpfen wir Kraft für unser Handeln und aus dem Handeln ergibt sich die Notwendigkeit des Rückzuges, der Stille, der Besinnung. Wer sich in blinden Aktionismus stürzt, verfehlt ebenso das Ziel wie einer, der sich in sich selbst verkriecht.

Einst kamen Rabbi Mendel und Rabbi Eleaser zum ersten Mal zusammen. Sie gingen ohne Gefährten in eine Stube, setzten sich einander gegenüber und schwiegen eine Stunde lang. Dann ließen sie die anderen herein. »Nun sind wir fertig«, sagte Rabbi Mendel.[19]

Es gibt eine ganz ähnliche Zen-Anekdote: Meister Gensha (835–908) übte Zazen vor der Wand der Meditationshalle, als ein fremder Mönch eintrat. Gensha schaute auf und sagte: »Wie verstehst du es?« Der fremde Mönch setzte sich schweigend vor die Wand. Später betrat Genshas Diener die Halle. »Wir haben gerade ein großes Wunder getan«, sagte der Meister.

In der atemberaubend schönen Canyonlandschaft Arizonas begegnete ich an einem Aussichtspunkt einem Amerikaner, der mit seinem Straßenkreuzer auf Urlaubsreise war. Er fuhr auf den Parkplatz, stieg aus, warf einen Blick in die Runde, hielt einen Augenblick inne und rief dann erschüttert: »Diese Stille! Das halte ich nicht aus!« Und er flüchtete in seinen Wagen und fuhr eilig davon. Wenige Minuten später traf ich auf einen Navajo-Indianer, der sich etwas Geld als Touristenführer verdiente. Es war ein freundlicher, aber überaus schweigsamer Mann. Ich blieb einen Nachmittag mit ihm zusammen. Die Kontrasterfahrung gab mir zu denken. Hier stießen zwei Welten aufeinander.

Für die Indianer Nordamerikas ist Schweigen ein Atmen der Seele. Der Mensch, der still wird, beginnt zu lauschen. Er richtet seine Aufmerksamkeit nach innen und nach außen, ohne eine gedankliche Kontrolle zwischen Innen und Außen zu errichten. Das Bewusstsein kann sich frei bewegen. »Wir lehrten unsere Kinder, still zu sitzen und Freude daran zu haben«, erinnerte sich der Dakota-Indianer Standing Bear. »Wir lehrten sie, ihre Sinne zu gebrauchen, die verschiedenen Gerüche aufzunehmen, zu schauen, wenn es allem Anschein nach nichts zu sehen gab und aufmerksam zu horchen, wenn alles ganz ruhig schien. (...) Die wahrhaft höfliche Art und Weise, ein Gespräch zu beginnen, war eine Zeit gemeinsamen stillen Nachdenkens, und auch während des Gespräches achteten wir jede Pause, in der der Partner überlegte und nachdachte. Für die Dakota war das Schweigen bedeutungsvoll. In Unglück und Leid, wenn Krankheit und Tod unser Leben überschatteten, war Schweigen ein Zeichen von Ehrfurcht und Respekt; ebenso, wenn uns Großes und Bewundernswertes in seinen Bann schlug. Für die Dakota war das Schweigen von größerer Kraft als das Wort.«[20]

Der meiste Lärm, der uns umgibt, ist nicht erforderlich; er ist nur das Heulen unseres sich im Leerlauf drehenden Wohlstandsmotors. Wer hat ein Interesse an diesem Lärm? Wer will, dass wir nicht mehr zum Nachdenken kommen? Vielleicht stimmt es nicht, wenn behauptet wird, der moderne Mensch sei nicht mehr zur Stille fähig. Vielleicht müssen nur die Leisen im Land die Stille einfordern. Einfordern von denen, die sie uns vorenthalten, uns rund um die Uhr mit Geschwätz und Marktgeschrei überfallen, mit Hiobsbotschaften und Glücksversprechungen.

Rainer Maria Rilke dichtete in seinem »Buch vom mönchischen Leben«:

> *»Wenn es nur einmal so ganz stille wäre.*
> *Wenn das Zufällige und Ungefähre*
> *verstummte und das nachbarliche Lachen,*
> *wenn das Geräusch, das meine Sinne machen,*
> *mich nicht so sehr verhinderte am Wachen:*
> *Dann könnte ich in einem tausendfachen*
> *Gedanken bis an deinen Rand dich denken*
> *und dich besitzen (nur ein Lächeln lang),*
> *um dich an alles Leben zu verschenken*
> *wie einen Dank.«*[21]

Angst oder Zuversicht?

Der Weg zur Ruhe

Bodhidharma saß mit dem Gesicht zum Felsen
und meditierte. Sein Schüler,
der im Schnee stand, sagte:
»Der Geist deines Schülers findet keine Ruhe und
keinen Frieden. Ich bitte dich um Unterweisung.«
Bodhidharma antwortete: »Hol deinen Geist und
bring ihn her, dann will ich ihm Frieden geben.«
Der Schüler sagte:
»Ich habe lange geforscht und nachgedacht,
aber der Geist lässt sich nicht fassen.
Wie kann ich ihn herbringen?«
Bodhidharma griff in die Luft und rief:
»Da! Jetzt hast du Frieden.«

Mumonkan, das 41. Koan

Jesus sprach: »Kommt alle her zu mir,
die ihr euch plagt und schwere Lasten
zu tragen habt. Ich werde euch Ruhe verschaffen.
Nehmt mein Joch auf euch und lernt von mir,
denn ich bin gütig und von Herzen demütig.
So werdet ihr Frieden finden für eure Seele.«

Matthäus 11,28f.

Bodhidharma ist eine klassische Gestalt des chinesischen Buddhismus. Um 520 nach Christus soll er die Lehre des Zen-Buddhismus von Indien nach China gebracht haben. China war zu jener Zeit nicht etwa ein kultur- oder religionsloses Land; im Gegenteil, Taoismus und Konfuzianismus beherrschten das Denken der führenden Kreise. Kein Wunder, dass Wu, der fromme Kaiser der Liang-Dynastie, Bodhidharma zu sich kommen ließ, um ihn über die neue Lehre zu befragen. Dieses Gespräch ist ein einmaliges Dokument buddhistischer Lehrweise und soll deshalb hier nicht unterschlagen werden.

Der Kaiser fragte Bodhidharma: »Ich habe Hunderte von Tempeln errichtet, Tausende von Predigten abschreiben lassen und zahllose Äbte eingesetzt. Welchen Verdienst habe ich mir damit im Himmel erworben?«

Bodhidharma antwortete: »Keinen Verdienst.«

Der Kaiser entgegnete verärgert: »Was ist dann wahrer Verdienst?«

Bodhidharma: »Leere und Stille.«

Darauf der Kaiser: »Was ist die heiligste Wahrheit deiner Lehre?«

Bodhidharma: »Offene Weite, nichts von heilig.«

Da rief der Kaiser aufbrausend: »Wer bist du, dass du so mit mir zu reden wagst?«

Bodhidharmas spontane Antwort: »Ich weiß es nicht.«

Die Audienz wurde abgebrochen, Bodhidharma verließ den Kaiserhof. Einige Tage später, so heißt es, reute es den Kaiser, Bodhidharma fortgeschickt zu haben. Er bat einen Hofbeamten, ihn zurückzuholen. Aber der Beamte, offenbar von größerer Einsicht als der Kaiser, antwortete: »Du magst all deinen Untertanen befehlen, ihn anzuhalten. Niemandem wird es gelingen. Über die Erde weht eine erfrischende Brise, die vom Anhalten nichts weiß.«

Die Episode am Kaiserhof ist vermutlich eine Legende. Umstritten ist sogar, ob Bodhidharma eine historische Person war. Fest steht jedoch, dass sich der Zen-Buddhimus in China durch das Wirken indischer Mönche rasch ausbreitete.

Doch zurück zu unserem Koan. Der Mönch Hui-k'o (japanisch: Eka) gehört zu den ersten Schülern des Bodhidharma. Er ist begierig auf die neue Lehre, möchte rasch darin eingeweiht werden, lechzt geradezu nach den Worten des Meisters. Aber Bodhidharma schweigt und meditiert. In diesem Fall vor einer Felswand, äußeres Zeichen seiner Abwendung von weltlichen Dingen. Solch ein »Zazen« (Meditation im Lotussitz) kann stundenlang dauern. Von Bankei, einem Mönch des 17. Jahrhunderts heißt es, dass er im Gebirge sieben Tage hintereinander Zazen übte, bis er erschöpft von einem Felsen kippte.

Bodhidharma scheint ähnlich beharrlich zu sein. Dass es zu schneien beginnt, wie in der ausführlichen

Fassung unseres Koans berichtet wird, rührt ihn nicht. Anders der Mönch Hui-k'o. Er friert und wird ungeduldig. Kann man so zur Erleuchtung gelangen? Wäre es nicht besser, über philosophische Fragen zu diskutieren oder Sutras zu lernen?

Hui-k'o hält es nicht mehr aus. Er unterbricht den Meister in seiner Übung und sagt: »Ich werde langsam nervös. Ich habe Zweifel, ob das hier der richtige Weg für mich ist. Ich möchte Frieden finden. Sag mir, wie ich das anstellen soll.«

Bodhidharma, dem die Empfindungen seines Schülers sicher aus eigener Erfahrung als junger Mönch vertraut sind, wendet sich mit einer unwirschen Bemerkung um: »Bring deinen unruhigen Geist doch her und zeig ihn mir, wenn ich etwas für ihn tun soll.«

Diese Antwort stürzt den Mönch in Verzweiflung. Jetzt spottet der Meister auch noch über sein Unvermögen. »Wie soll ich meinen Geist herbringen?«, stößt er hervor.

Bodhidharma erkennt, dass Hui-k'o an einem Punkt angelangt ist, wo eine radikale Wende möglich ist. Entweder wird er die Suche aufgeben oder zum inneren Frieden gelangen. Bodhidharma muss damit rechnen, das Hui-k'o sich wortlos umwendet und fortgeht. Aber er kann ihm diese Entscheidung nicht ersparen. »Da!«, ruft er ebenso unwirsch wie zuvor und macht eine Handbewegung, als greife er etwas aus der

Luft, »da hast du deinen Frieden! Geht es dir jetzt besser?« Es heißt, Hui-k'o wurde durch diese Frage erleuchtet.

Ruhe des Gemütes

»Friede« meint im Buddhismus immer inneren Frieden, »Ruhe des Gemütes«. Dies darf jedoch nicht als Weltflucht, als ein Verkriechen in sich selbst verstanden werden. Es ist ein »mittlerer Weg«, eine Balance zwischen Außen und Innen. Der Mensch, der zur Ruhe des Gemütes gelangt ist, wird offen für die Welt, weil er nicht länger von seinen Sorgen, Ängsten und Problemen umgetrieben wird. Innerer Friede ist keine statische Angelegenheit. Er lässt sich auch nicht durch Psychotherapie oder Tabletten erzeugen. Man kann ihn nicht dadurch erreichen, dass man die Augen schließt vor Konflikten oder sich in eine heile Welt flüchtet. Friede ist ein mühsamer Prozess, eine Aufgabe, die jeden Tag neu angegangen werden muss. Darauf macht Bodhidharma seinen Schüler Hui-k'o aufmerksam, wenn er fragt: »Was für eine Art von Frieden willst du denn, wenn du erwartest, dass ich ihn dir mit ein paar Worten geben kann?«

Die Worte Jesu: »Kommt alle zu mir, die ihr euch plagt und schwere Lasten zu tragen habt. Nehmt mein Joch auf euch und lernt von mir; so werdet ihr Frieden finden für eure Seele«, begegnen uns ganz unvermittelt im Matthäusevangelium, ohne dass der Zusammenhang, in dem sie gesprochen werden, deutlich wird. Die Wendung »ein Joch auf sich nehmen« bedeutete im jüdischen Verständnis, die Vorschriften oder Lehren eines anderen zu übernehmen. Sprichwörtlich war bei den Schriftgelehrten zum Beispiel »das Joch des Gesetzes«. Die Aufforderung Jesu, sein Joch auf sich zu nehmen, mussten sie als Provokation verstehen, zumal Jesus hinzufügt »Denn ich bin gütig und barmherzig«, – anders eben als die jüdischen Gesetzesvorschriften, hinter denen ein zürnender und strafender Gott stand.

Viele Menschen hängen sich an den letzten Teil des Jesus-Wortes: »Ihr werdet Ruhe finden für eure Seele.« Ruhe und himmlischer Frieden sind angenehme Vorstellungen. Ruhe der Seele, und darauf macht Jesus aufmerksam, ist aber kein quietistischer Zustand, sondern ein entschlossenes Voranschreiten und gleichzeitiges In-sich-selbst-Ruhen. Es gibt sie nicht umsonst, nicht ohne Mühe und Anstrengung. Der Mönch Hui-k'o will zum Ziel zu gelangen, ohne den Weg dorthin zu gehen. Bodhidharma macht ihm klar, dass eine »Ruhe«, die man ohne Anstrengung erlangt, eine Selbsttäuschung ist, ein »in die Luft greifen«, ein »Haschen nach Wind«, wie es im Buch Kohelet heißt. Nach einer anderen Überlieferung gibt Bodhidharma dem Hui-k'o zusätzlich die Belehrung: »Buddhaschaft kann man nur erlangen, wenn man das bisher Ungetane tut und das bisher Untragbare trägt.«

Das Ungetane tun und das Untragbare tragen? Ist es das, was Jesus den Jüngern zumutet, wenn er sagt: »Nehmt mein Joch auf euch und lernt von mir«? Seine Antwort lässt auch ein Wort aus dem Alten Testament anklingen. Bei Jeremia 6,16 lesen wir: »So spricht der Herr: Fragt, wo der Weg zum Guten liegt; geht auf ihm, so werdet ihr Ruhe finden für eure Seele.«

Wir müssen uns immer wieder fragen, wo der Weg zum Guten liegt, wie das scheinbar Unmögliche getan werden kann. Ein Schüler kann nicht hinter das Beispiel seines Meisters zurück. Jesus sagt uns zur Ermutigung: »Mein Joch drückt nicht und meine Last ist leicht.« Bevor wir dies erfahren können, stehen wir wie Hui-k'o im Schnee, müssen wir durch die Nacht der Selbstzweifel, der Bequemlichkeit und der Feigheit hindurch. Jesus und Bodhidharma fordern uns auf, radikal ernst zu machen. Man kann ihnen nicht ein bisschen nachfolgen, sozusagen für den Sonntagsgebrauch oder als Freizeitchrist. Das Untragbare tragen, das bisher Ungetane tun, das ist ein revolutionäres Programm, das seine Ziele weiter steckt, als wir sie in unserer Kleingläubigkeit zu setzen wagen.

Friede als permanenter Prozess

Alle Ideologien und politischen Systeme versprechen den Menschen Frieden und Glück. Aber als Vorbedingung verlangen sie immer die radikale Durchsetzung und Verabsolutierung ihrer Normen und Wertvorstellungen. Jesus und Buddha sind subversiv. Ihre Vorstellung vom Frieden richtet sich nicht gegen ein konkretes Gesellschaftssystem, etwa gegen das römische Reich oder gegen das indische Kastenwesen, sondern gegen alle starren Strukturen. Jede Ordnung hat in sich die Tendenz, sich zu verselbstständigen und gegen die Menschen zu richten. Und Menschen neigen dazu, sich mit jeder Ordnung, die nur halbwegs erträglich erscheint, abzufinden und sich darin häuslich einzurichten. Deshalb bemerkt ein jüdischer Rabbi scharfsinnig, das eigentliche Unheil des Volkes Israel sei nicht die Tatsache gewesen, dass man in Ägypten in Gefangenschaft und Knechtschaft habe leben müssen, sondern dass man sich an diesen Zustand angepasst habe.

Innerer Friede ist kein Rückzug aus der Welt, keine Abkehr von gesellschaftlichen Konflikten, sondern das Bewusstsein, dass immer noch mehr Friede, mehr Gerechtigkeit möglich ist, als bisher erreicht wurde. »Wenn ein Bruder oder eine Schwester ohne Kleidung ist und ohne das tägliche Brot und einer von euch zu ihnen sagt: Geht in Frieden, wärmt und sättigt euch!, ihr gebt ihnen aber nicht, was sie zum Leben brauchen – was nützt ihnen dieser Friede?« (Jak 2,14–16) Friede meint nicht einen erreichbaren Zustand, sondern den permanenten Aufbruch zu neuen Zielen, so utopisch sie uns auch erscheinen mögen. Es geht, wie Franziskus von Assisi es ausdrückt, um die Aufrechterhaltung der Menschlichkeit in einer menschenverachtenden und friedlosen Welt: »Wirklichen Frieden schaffen jene, die trotz allem, was sie in der Welt erleiden, mit Körper und Geist am Frieden festhalten.«[22]

Gut oder böse?

Der Weg zum Frieden

Der Mönch Ming verfolgte den sechsten Patriarchen bis ins Gebirge Ta-yü. Als der Patriarch Ming kommen sah, legte er sein Gewand und seine Almosenschale auf einen Stein und sagte: »Dieses Gewand ist Sinnbild des Glaubens. Soll man darum kämpfen? Ich überlasse es dir. Nimm es und geh!« Ming bückte sich, um das Gewand aufzuheben, aber es war schwer wie Blei. Da erschrak Ming und sagte: »Ich bin wegen der Lehre gekommen, nicht, um dich zu berauben. Ich bitte dich um Belehrung.« Der Sechste Patriarch antwortete: »Denke weder gut noch böse. Was ist dein wahres Selbst?«

Mumonkan, das 23. Koan

Judas ging auf Jesus zu und sagte: »Sei gegrüßt, Rabbi!« Und er küsste ihn. Jesus erwiderte ihm: »Freund, wozu bist du gekommen?« Da gingen sie auf Jesus zu, ergriffen ihn und nahmen ihn fest. Doch einer von den Begleitern Jesu zog sein Schwert, schlug auf den Diener des Hohen Priesters ein und hieb ihm ein Ohr ab. Da sagte Jesus zu ihm: »Steck dein Schwert in die Scheide; denn alle, die zum Schwert greifen, werden durch das Schwert umkommen.«

Matthäus 26,49–52

Um das Koan besser zu verstehen, muss man die Vorgeschichte erzählen, die ich im Fall der Gefangennahme Jesu als bekannt voraussetze. Ein chinesischer Zen-Mönch namens Hui-neng (japanisch Eno) verbrachte seine Noviziatsjahre im Kloster Obai, das von dem fünften Patriarchen des chinesischen Buddhismus, dem Abt Huang-mei geleitet wurde. Hui-neng fiel dem Abt durch seine ungewöhnliche Intelligenz und Spiritualität auf, sodass er beschloss, ihn zu seinem Nachfolger und damit zum sechsten Patriarchen zu weihen. Die Sache hatte allerdings einen Haken: Hui-neng stammte aus einer bäuerlichen Familie und war zudem nur Laienbruder, sodass er für ein solches Amt eigentlich nicht in Frage kam. Die Mönche aus den vornehmen Familien des Landes hätten diese »Beleidigung« nicht verziehen. Meister Huang-mei war sicherlich frei von solch kleinlichem Denken, aber er wollte Streit vermeiden und beschloss, den jungen Hui-neng heimlich zu weihen und in ein anderes Kloster zu schicken. Als Beweis für die Ordination überließ er ihm sein Gewand und seine Almosenschale, die der Überlieferung nach Gewand und Schale Buddhas waren.

Hui-neng machte sich traurig, aber gehorsam auf den Weg. Die anderen Mönche bemerkten natürlich das Fehlen der Schale und des Gewandes und ahnten die Zusammenhänge. Der Mönch Ming, der sich als Anwärter auf das Patriarchenamt fühlte und vor seinem Klostereintritt Offizier gewesen war, brach mit einem Trupp auf, den flüchtigen Hui-neng zu suchen und ihm Gewand und Schale abzunehmen. Das Koan setzt in dem Augenblick ein, als Ming den Gesuchten in den Bergen einholt.

Die Worte des jungen Mönches: »Dieses Gewand ist das Sinnbild unseres Glaubens. Soll man darum kämpfen?«, müssen Ming tief getroffen haben. Lehrte der Buddhismus nicht Gewaltlosigkeit und Friedfertigkeit? Hatte Buddha durch sein Bettlergewand und seine Almosenschale nicht deutlich machen wollen, dass Rang und Amt nicht zählen und der Mensch auf Erden nichts besitzen soll? Ming wird sich seiner Eifersucht und Begierde, seiner Aggressivität bewusst und schämt sich. Wie konnte er mit einer solchen Geisteshaltung hoffen, der Nachfolger des fünften Patriarchen zu werden? Wie gelähmt steht er nun da und ist nicht in der Lage, das Gewand vom Boden aufzuheben.

Schließlich versucht Ming, eine halbherzige Entschuldigung vorzubringen: »Es geht nicht gegen dich persönlich, Hui-neng. Ich will ja nur, dass die Lehre von einem würdigen Mönch verkündet wird. Sag mir also, was ich falsch gemacht habe.«

Genau in diesem Augenblick erkennt Hui-neng die seelische Verfassung seines Gegenübers und die darin verborgene Chance. »Ich weiß, du hast mich voll Hass verfolgt«, sagt er, »jetzt reut es dich und du versuchst dich anzubiedern. Beides ist falsch. Denk nicht darüber nach, was du getan hast. Wäge auch nicht ab, wie du es wieder gutmachen könntest. Vergiss für einen Augenblick Gut und Böse, und sag mir: Was ist dein wahres Selbst? Wer bist du wirklich?«

»Was ist dein wahres Selbst?« ist eine häufig gestellte Frage im Gespräch zwischen Meister und Schüler, die den Schüler zu seiner Wesensmitte führen will. Sie geht in der buddhistischen Tradition auf dieses Koan zurück. Hui-nengs Worte sind wie ein scharfes Schwert, das die bösen Absichten Mings mit einem Schlag abtrennt. »Denke weder gut noch böse. Komm zu dir selbst. Werde das, was du immer schon warst.« Dahinter steckt nicht nur ein weiser Rat, sondern auch die große Zuversicht, dass der »wahre Mensch«, der sich hinter dem egoistischen »Ich« des Mönches Ming verbirgt, ein guter Mensch ist.

Der Judaskuss

Judas, der zu Jesus kommt, hat schlimmere Absichten als Ming, dem es nur um Almosenschale und Gewand geht. Judas hat Jesus für den Preis eines Sklaven an den Hohen Rat verkauft. Es ist viel über seine Motive gerätselt worden. Die Bibel schweigt sich dazu aus. Man muss deshalb vorsichtig sein, Eifersucht, Enttäuschung oder ähnliche Beweggründe zu unterstellen. Möglicherweise war Judas – wie andere fromme Juden – an der Botschaft Jesu und an seinem Handeln irre geworden, hielt ihn für einen falschen Propheten oder einen Gotteslästerer. Ein anderer religiöser Eiferer, ein gewisser Saulus, Sohn eines Zeltmachers und überdies ein Pharisäer, wird Jahre später aus ähnlichen Gründen ein fanatischer Christenverfolger werden. Der Evangelist Matthäus deutet übrigens an, Judas sei nach der Verurteilung Jesu über das Strafmaß erschrocken gewesen und habe seinen Verrat rückgängig machen wollen.

Aber noch ist es nicht so weit. Wir sind im Garten von Getsemani, wo es nur darum geht, Jesus unauffällig und kampflos der römischen Kohorte und den Tempeldienern auszuliefern. Judas geht auf Jesus zu und küsst ihn – eine seltsame Geste. Es hätte gereicht, auf Jesus zu deuten und zu sagen: »Da ist er!« Der Judaskuss ist mehr als ein Verrat. Es ist, als wolle Judas zu Jesus sagen: »Du redest von Nächstenliebe. Jetzt zeig mal, wie du das meinst. Jetzt halte mal die andere Wange hin und vergib mir, was ich tue.«

Es wäre falsch, Jesus als den souveränen Herrn der Situation zu sehen. Ihm geht es wie Hui-neng, dem ein zu allem entschlossener Mönch mit einer wilden Horde gegenüber steht. »Freund, wozu bist du gekommen?« Das klingt ganz ähnlich wie die Worte von Hui-neng. Jesus fragt Judas: »Hast du nichts von dem begriffen, was ich euch gelehrt habe?« Das muss Judas ebenso getroffen haben wie den eifersüchtigen Ming.

Dass einer der Jünger zum Schwert greift und einen Diener des Hohen Priesters verletzt, ist wie ein schlechter Scherz und zeigt, dass auch er die Botschaft Jesu nicht verstanden hat. Jesus herrscht ihn an und sagt: »Steck das Schwert ein, denn alle, die zum Schwert greifen, werden durch das Schwert umkommen.« Ein schwer wiegendes Wort, vergleichbar mit Hui-nengs Bemerkung, Almosenschale und Gewand seien Sinnbild des Glaubens; man dürfe nicht mit Waffen um sie kämpfen. Jahrhundertelang hat das Christentum mit dem Schwert gekämpft – aus religiösen und natürlich auch aus rein weltlichen Beweggründen. Die Ausbreitung des christlichen Glaubens in aller Welt ist – im Gegensatz zur Ausbreitung des Buddhismus – oft eine blutige Angelegenheit gewesen. Und bis in unsere Zeit sah man nichts »Unheiliges« darin, Waffen zu segnen und die Koppelschlösser der Soldaten mit dem Satz »Gott mit uns« zu versehen. Ein Buddhist kann darüber nur den Kopf schütteln.

Judas verzweifelte und nahm den Strick. Von Ming ist zu berichten, dass er durch die Worte Hui-nengs erleuchtet wurde. Von uns dagegen ist zu sagen, dass wir noch immer zufrieden in der Wohnstube sitzen, während im Vorgarten die Splitter der letzten Kleinkriege einschlagen.

Was ist unser wahres Selbst in diesem Augenblick?

Geben oder nehmen?

Der Weg zur inneren Freiheit

Meister Pai-chiao sagte zu den Mönchen: »Wenn ihr einen Stock habt, werde ich euch einen geben. Wenn ihr keinen Stock habt, werde ich ihn wegnehmen.«

Mumonkan, das 44. Koan

Jesus sagte zu seinen Jüngern: »Wer hat, dem wird gegeben und er wird im Überfluss haben; wer aber nicht hat, dem wird auch noch weggenommen, was er hat.«

Matthäus 13,12

Es klingt überraschend und seltsam, was Pai-chiao und Jesus übereinstimmend androhen: Dass hinzugegeben wird, wo schon viel ist, und fortgenommen, wo Mangel herrscht. Das entspricht zwar der Realität – die Reichen werden immer reicher und die Armen immer ärmer – aber sollten Jesus und Pai-chiao das etwa gutheißen?

Zunächst: Das Jesus-Zitat kommt gleich zweimal im Evangelium vor. Einmal im Gleichnis von dem anvertrauten Geld (Mt 25,29) und dann in Zusammenhang mit den Schwierigkeiten der Jünger, die Lehre Jesu zu verstehen (Mt 13,10). Bleiben wir zunächst bei dem ersten Gleichnis, das vordergründig wirklich mit Geldangelegenheiten zu tun hat. Da ist ein reicher Mann, der sich auf eine Geschäftsreise begibt und zuvor seinen Dienern die Verwaltungsgeschäfte überträgt. Offensichtlich sind diese Diener nicht alle gleich clever und geschäftstüchtig, denn der Herr vertraut ihnen unterschiedliche Beträge an: dem einen fünf, dem anderen zwei und einem dritten nur ein Talent. Das Silbertalent war eine griechische Währungseinheit und entsprach 6000 Drachmen. Eine Drachme (oder Denar) war der durchschnittliche Tageslohn eines Arbeiters. Wenn der Herr seinen Dienern also insgesamt 8 Talente überlässt, so ist das eine erhebliche Summe. Zum Vergleich: Das gesamte römische Steueraufkommen in Galiläa betrug im Jahre 4 nach Christus nur 200 Talente.

Um es kurz zu machen: Derjenige, der fünf Talente erhielt, holt das meiste heraus, indem er das Geld auf dem Finanzmarkt arbeiten lässt. Der Zweite macht es nicht anders: Auch er verdoppelt den Betrag. Bei seiner Rückkehr hat der Herr also allen Grund, die beiden zu loben. Nur der dritte Diener erlebt eine böse Überraschung. Er hatte auf Nummer sicher gehen wollen und das Geld seines Herrn im Garten vergraben. Der Grund dafür, so vermute ich einmal, war seine Furcht, er könne mit Spekulationen Geld verlieren und damit den Zorn des Herrn auf sich ziehen. Aber dieser Zorn ist ihm auch so gewiss: »Du bist ein schlechter und fauler Diener«, wird er gerügt, »du wusstest, dass ich ernte, wo ich nicht gesät habe, dass risikoreiche Geschäfte zu meinem Alltag gehören. Warum hast du das Geld nicht investiert? Selbst wenn du Pech dabei gehabt hättest, ich hätte dir deshalb nicht den Kopf abgerissen. So aber bist du für meine Art von Geschäften ungeeignet und fristlos entlassen.« Der Evangelist fügt als Moral von der Geschichte den Satz an: »Wer hat, dem wird gegeben, und er wird im Überfluss haben, wer aber nicht hat, dem wird auch noch weggenommen, was er hat.«

Die Talente nutzen

Das Gleichnis Jesu wirkt auf den ersten Blick wie eine Dienstanweisung für Börsenspekulanten. Und in der Tat macht Jesus auf eine Mentalität aufmerksam, die für Leute, die von Geldgeschäften leben, unerlässlich ist: Risikobereitschaft und ein lockerer Umgang mit großen Summen. Jesus macht deutlich: Wer meinem Beispiel folgen will, der muss handeln, Risiken eingehen, sein »Talent«, seine Fähigkeiten und Begabungen einsetzen. Der dritte Diener hat zwar seine Pflicht getan und das Geld des Herrn sorgfältig bewahrt, aber er hat dieses »Bewahren« zum alleinigen Maßstab seines Handelns gemacht, sich an das eine Talent geklammert wie an einen Fetisch, statt freien Gebrauch davon zu machen.

Im zweiten Beispiel liegen die Dinge etwas anders. Jesus erzählt seinen Zuhörern das Gleichnis vom Sämann, der auf sein Feld geht und dessen Samenkörner auf unterschiedlich geeigneten Boden fallen. Die Erzählung stößt bei den Zuhörern auf ebensolche Ratlosigkeit wie die Worte des Abtes Pai-chiao. »Warum redest du in so komplizierten Bildern zu den einfachen Leuten?«, fragen die Jünger. Worauf Jesus, vielleicht nicht ohne ein Lächeln, ankündigt, er werde diese Methode aufgeben und fortan Klartext reden. Allerdings würden die Menschen auch dann nicht begreifen, »weil sie sehen und doch nicht sehen, weil sie hören und doch nicht hören und nichts verstehen.«

Den Schülern Pai-chiaos (japanisch Basho) geht es nicht anders. Viele von ihnen mögen schon Jahre oder gar Jahrzehnte im Kloster verbracht haben, ohne ihrem Ziel, der Erleuchtung, auch nur einen Schritt näher gekommen zu sein. Täglich versammeln sie sich zur Meditation, rezitieren die Sutras, lauschen den Vorträgen des Meisters. Aber der ist recht einsilbig, wie alle Zen-Meister, und was er sagt, klingt sonderbar. Auch heute wieder: Pai-chiao besteigt den Lehrstuhl, hält den Mönchen seinen Stock, das Zeichen seiner Abtswürde, entgegen und sagt: »Wenn ihr einen Stock habt, so will ich euch einen Stock geben. Wenn ihr keinen Stock habt, will ich ihn euch nehmen.« Spricht's, steht auf und lässt die verdutzten Mönche in der Halle zurück.

Meister Daii Bokitsu, der von Pai-chiaos seltsamen Worten hörte, ging gegenüber seinen Schülern noch einen Schritt weiter und stellte das Beispiel auf den Kopf. Er sagte: »Denkt nicht, ich sei so barmherzig wie Pai-chiao. Wenn ihr einen Stock habt, werde ich ihn wegnehmen, und wenn ihr keinen habt, werde ich euch einen geben. Könnt ihr Mönche Gebrauch von diesem Stock machen?«

Mal wird ein Stock gegeben, mal wird er fortgenommen. Scheinbar ganz willkürlich. Was soll das? Was bedeutet dieser Stock und wozu sollen die Mönche ihn gebrauchen?

Ursprünglich ist der Shujosu (»Stützstock«) nichts anderes als ein Wanderstab, den die buddhistischen Mönche auf ihren Wanderungen von Kloster zu Kloster mit sich führten – neben einer Almosenschale und einem dreiteiligen Gewand ihr einziger Besitz. Es war üblich, öfter das Kloster zu wechseln, immer mit der

Absicht, einen guten Lehrmeister zu finden und Erleuchtung zu erlangen. Auch Äbte und Zen-Meister zog es bisweilen in die Einsamkeit der Berge oder auf Pilgerreise. Der Wanderstab war ihr ständiger Begleiter und angesichts der damaligen Straßenverhältnisse sicherlich auch ein wertvolles Hilfsmittel. Ein Zenmeister dichtete: »Er hilft dir, den Fluss zu überqueren, wo die Brücke zerstört ist. Er begleitet dich in mondlosen Nächten zur Heimat zurück.« Wandern und Pilgerschaft ist ein Symbol für das Unterwegssein und die Heimatlosigkeit des Menschen. Es ist die Erfahrung eines ständigen Abschiednehmens von Landschaften, Menschen, Lebensformen, Bindungen, Hoffnungen und Erwartungen. Wer lange auf Wanderschaft war, der kann von sich behaupten, viel gesehen zu haben und das Leben zu kennen. Der Wanderstab wurde deshalb zum Zeichen der Weisheit und zum Attribut der Zen-Meister.

Falsche Sicherheiten

Jeder Mensch wünscht sich einen »Stützstock«, etwas, das ihm auf seinem Lebensweg Halt gibt.

Der eine findet diesen Halt im Glauben, ein anderer vielleicht in der Literatur oder in der Kunst. Erinnerungen können zur »Stütze« werden oder auch nur bestimmte Angewohnheiten. Für viele Menschen ist es wichtig, dass ihr Tag in geregelten Bahnen verläuft, Essenszeiten eingehalten werden und Ordnung in ihrem Hause herrscht. Sie schaffen sich »Sicherheiten« und scheinbar feste Orientierungspunkte in einer sich ständig verändernden und deshalb als unsicher empfundenen Welt.

Die seltsamen Reden der Meister über das Geben und Wegnehmen des Stockes soll die Mönche vor jeder falschen Sicherheit bewahren. Der »Stützstock« ist nur ein Mittel zum Zweck, kein Selbstzweck. Ohne Hilfsmittel kämen wir vielleicht schlechter voran, aber sie sollen uns nicht einengen, sollen nicht zum Hindernis werden.

Buddha erzählt folgendes Gleichnis: »Ein Wanderer kommt auf seinem Weg an einen breiten Strom. Kein Schiff und keine Brücke sind zu entdecken. Da denkt er: Vielleicht könnte ich mir aus Schilfrohr, Zweigen und Blättern ein Floß bauen, um heil ans andere Ufer zu gelangen. Diesen Plan führt er erfolgreich aus. Am anderen Ufer angelangt, denkt er: Dieses Floß war mir von großem Nutzen. Ich will es nicht zurücklassen, sondern auf den Kopf und auf die Schultern laden und immer bei mir tragen«. (22. Sutra) Lächelnd fügt Buddha die Frage an: »Meint ihr, dass dieser Mann richtig handelt oder sollte er nicht lieber sagen: Dieses Floß ist mir zwar von großem Nutzen gewesen, jetzt aber will ich es zurücklassen und unbelastet gehen, wohin ich will?« Und Buddha sagt weiter: »Ich habe euch mit diesem Gleichnis vom Floß, das zum Hinüberkommen, aber nicht zum Aufbewahren da ist, eine Lehre gegeben. Versteht ihr das Gleichnis, dann gebt, wenn ihr ans Ziel gelangt seid, sogar die rechten Lehren auf, mehr noch aber die unrechten.«

Das ist ein großes Wort, denn Buddha erklärt damit, dass seine eigene Lehre auch nur ein Floß (oder Stützstock) ist. Man stelle sich vor, etwas Ähnliches würde ein Christ von der Lehre Jesu behaupten! Hier wird ein wichtiger Unterschied zwischen Christentum und Buddhismus sichtbar: Die Lehrreden Buddhas beanspruchen keine göttliche Autorität. Ihr Kern ist, um noch einmal Bodhidharmas Antwort auf die Frage des Kaisers zu zitieren: »Offene Weite, nichts von heilig.« Wie weit das gehen kann, beschreibt die Geschichte eines japanischen Zen-Meisters, der in einem besonders strengen Winter in einer einsamen Bergklause lebte. Da ihm das Holz für das Feuer ausging und er zu erfrieren drohte, nahm er die Sutra-Bücher und verbrannte sie nach und nach. Das war ein Sakrileg, denn das Verbrennen heiliger Texte war streng verboten. Selbst wenn sie unlesbar geworden waren, wurden sie feierlich in heiligen Schreinen beigesetzt. Als andere Mönche von der Untat des Meisters erfuhren, eilten sie zu der Bergklause, um ihn zur Rede zu stellen. Der Meister stocherte daraufhin eifrig in der Asche und sagte: »Ich will sehen, ob ich noch etwas retten kann.« Die erbosten Mönche fragten: »Wie kann man die große Weisheit dieser Bücher in der Asche finden?« Der Meister tat erstaunt und fragte zurück: »Wenn keine Weisheit mehr in der Asche ist, wie konnte sie dann zuvor in den Büchern zu finden sein?«

Die »heiligen« Schriften, die der Meister verbrannte, sind nicht um ihrer selbst willen da; es sind keine Devotionalien. Durch sein scheinbar ehrfurchtsloses Verhalten zeigt der Meister, dass er sich auf den richtigen Umgang mit den Dingen versteht. Ob Floß, Buch oder Stützstock: Man muss lernen, die »Stützen« frei zu gebrauchen, im richtigen Augenblick festzuhalten oder loszulassen. »Wenn der Fisch gefangen ist, kann man die Angel fortwerfen«, sagt Meister Huang-po. Wer sich ein Leben lang an seinen »Stützstock« klammert, wird bemerken, dass er zur Last wird. Ein solches »Anhaften« lehnt Buddha ab. Ein Mönch, der nur danach strebt, erleuchtet zu werden und einmal selbst den Stock des Meisters in den Händen zu halten, gerät in Abhängigkeit von diesem »Stock«. Der Gegenstand wird zum Fetisch. Umgekehrt wird ein fauler und träger Mönch, dem es egal ist, was aus seinem inneren Leben wird – weiß er sich doch in der Mönchsgemeinschaft gut versorgt –, in der ersten Krise scheitern. Sein »Stützstock« ist Gewohnheit und Bequemlichkeit – und der Abt tut gut daran, ihm diesen Stock fortzunehmen.

Alles im Leben kann uns gegeben und wieder weggenommen werden, wie die Beispiele zeigen. Das soll uns nicht mutlos machen, sondern dazu anspornen, unser »Talent« einzusetzen und das damit verbundene Risiko nicht zu scheuen. Wir haben nichts zu verlieren. »Wenn die Pfeile verbraucht sind und der Bogen zerbrochen ist, nimm dein Herz und schieße mit ganzer Kraft«, lehrt ein Zen-Meister.

Was wir wirklich sind, was unsere eigentliche, unauslöschliche Existenz ausmacht, zeigt sich erst, wenn wir die Krücken und Stützen fortwerfen und auf eigenen Füßen stehen.

Rein oder unrein?

Der Weg zur Achtsamkeit

Ein Brahmane saß in der Nähe Buddhas und fragte ihn: »Gautama, geht Ihr mit mir zur Bahuka baden?« »Warum zur Bahuka?«, fragte Buddha zurück. »Was kann die Bahuka nützen?« »Den Leuten gilt ein Bad in der Bahuka als erlösend und verdienstvoll«, erwiderte der Brahmane, »viele reinigen sich so von ihren Sünden.« Darauf antwortete Buddha: »Wenn jemand in die Bahuka, die Gaya oder in einen anderen Fluss springt, weil er eine Untat begangen hat, so wird er dadurch nicht rein. Bade lieber in guten Taten, dann wirst du vom Schmutz befreit.«

7. Sutra

Jesus stand vom Mahl auf, legte sein Gewand ab und umgürtete sich mit einem Leinentuch. Dann goss er Wasser in eine Schüssel und begann, den Jüngern die Füße zu waschen und mit dem Leinentuch abzutrocknen. Als er zu Simon Petrus kam, sagte dieser zu ihm: »Du, Herr, willst mir die Füße waschen?« (...) Jesus antwortete ihm: »Wenn ich dich nicht wasche, hast du keinen Anteil an mir.« Da sagte Simon Petrus zu ihm: »Herr, dann nicht nur meine Füße, sondern auch die Hände und das Haupt.«

Johannes 13,4–9

Eine rituelle Waschung im Fluss gehört noch heute zu den alltäglichen religiösen Handlungen eines Hindu. Benares, wo sich Buddha nach seiner Erleuchtungserfahrung aufhielt, war ein bevorzugter Platz für ein Reinigungsbad im Ganges, für Tieropfer und Leichenverbrennungen. Pilger aus allen Teilen des Landes strömten an diesem Wallfahrtsort zusammen. Buddha machte keinen Hehl daraus, dass er die rituelle Reinigung für Unsinn hielt. Das dürften ihm die brahmanischen Priester, die Tempeldiener und Devotionalienhändler übel genommen haben. Sie machten ein gutes Geschäft mit der Frömmigkeit der einfachen Leute. Bedenken gegen diese Praxis waren auch einigen fortschrittlichen Brahmanen gekommen. Sie diskutierten darüber, ob das bloße Untertauchen im Ganges genüge, um Sünden abzuwaschen, oder ob die Gesinnung des Gläubigen dabei eine Rolle spiele. Ihre Einwände gingen wahrscheinlich im allgemeinen Wallfahrtstrubel unter.

Die Priesterkaste der Brahmanen war zu Buddhas Zeit die beherrschende gesellschaftliche Gruppe Indiens und nahm zahlreiche Sonderrechte für sich in Anspruch. Die brahmanischen Priester gingen in ihrer Überheblichkeit so weit zu behaupten, die Sonne könne nicht aufgehen, wenn sie am Morgen keine Opfer darbrächten. Buddha lehnte die Praxis der Feuer- und Tieropfer ab und betonte, die Befreiung vom Kreislauf der Wiedergeburt sei allein von der Gesinnung des

Einzelnen abhängig und nicht von bestimmten Riten, der Darbringung von Opfern oder gar von der Vermittlung durch Priester.

In Übereinstimmung mit dem Jesus-Urteil über die Pharisäer (»Weh euch, ihr seid blinde Führer!« Mt 23,16) nennt Buddha die brahmanischen Priester »blinde Wegführer« (95. Sutra). Und er erzählt eine Geschichte, die man im Neuen Testament wieder finden kann: »Ein Brahmane hat ein großes Opferfest veranstaltet und zwei andere Brahmanen kommen, um daran teilzunehmen. Der eine wünscht sich beim Opfermahl den besten Platz, das beste Getränk und die beste Speise, aber der andere erhält den besten Platz, das beste Getränk und die beste Speise. Darüber ärgert sich der erste Brahmane und es kommt zum Streit. Dabei erklären doch die Brahmanen immer wieder, nur durch Verzicht und Entsagung könne man das Heil gewinnen ...« (99. Sutra)

Vor der vordergründigen Frömmigkeit und Werkgerechtigkeit der Pharisäer warnt auch Jesus: »Alles, was sie tun, tun sie nur, damit die Menschen es sehen: Sie machen ihre Gebetsriemen breit und die Quasten an ihren Gewändern lang. Bei jedem Festmahl möchten sie den Ehrenplatz und in der Synagoge die vordersten Plätze.« Darum: »Tut und befolgt alles, was sie euch sagen, aber richtet euch nicht nach dem, was sie tun.« (Mt 23,3)

Blinde Führer

Das Wort »Pharisäer« bedeutet »ausgesondert« und wurde auch im Sinne von »heilig« gebraucht. Die Pharisäer waren der Ansicht, nicht so sehr der Gottesdienst im Tempel von Jerusalem, den der Priesteradel der Sadduzäer versah, sondern die buchstabengetreue Erfüllung des mosaischen Gesetzes werde zur Erlösung des Volkes Israel und zum Kommen des Messias führen. Der Begriff »Pharisäer« ist übrigens nicht identisch mit dem Begriff »Schriftgelehrter«, auch wenn beide oft in einen Topf geworfen werden. Schriftgelehrte (Rabbinen) waren Akademiker, die es in allen religiösen Gruppen Israels gab.

Die Rabbinen kannten nicht weniger als 613 Gebote und Verbote, die ein frommer Mann zu beachten hatte. Dazu gehörten Fastenregeln, das Verbot, bestimmte Speisen zu essen, bestimmte Berufe auszuüben, aber auch alltägliche Bekleidungs- und Reinigungsvorschriften. Letztere waren eigentlich nur für den Priesteradel verbindlich, wurden aber von frommen Juden akribisch genau befolgt. »Warum halten sich deine Jünger nicht an die Überlieferung der Alten?«, wird Jesus gefragt (Mk 7,5), als seine Jünger die Mahlzeit einnehmen, ohne sich zuvor rituell die Hände zu waschen. Jesus reagiert gelassen. Hier geht es nicht um ein verbindliches Gesetz, sondern um eine aus der Tradition entstandene »Kann«-Vorschrift. »Dieses

Volk ehrt Gott nur mit den Lippen«, zitiert er deshalb den Propheten Jesaja. »Es ist sinnlos, wie sie mich verehren, denn was sie (die Schriftgelehrten) lehren, sind nur die Satzungen von Menschen.« Und er erklärt weiter: »Nichts, was von außen in den Menschen hineinkommt, kann ihn unrein machen, sondern was aus dem Menschen herauskommt, das macht ihn unrein. Denn von innen, aus dem Herzen der Menschen, kommen die bösen Gedanken, Unzucht, Diebstahl, Mord, Ehebruch, Habgier, Bosheit, Hinterlist, Ausschweifung, Neid, Verleumdung, Hochmut und Unvernunft.« Von diesen Sünden kann man sich nicht durch ein Bad oder durch rituelle Handlungen reinwaschen; nur Gottes verzeihende Liebe befreit von Schuld.

Buddha belehrt den badeeifrigen Brahmanen in unserem Beispiel: »Gib jedem Lebewesen Schutz und Sicherheit. Lüge nicht, hasse nicht, verletze kein Leben, nimm nichts, was dir nicht gegeben. Wenn du so handelst, warum dann noch ein Reinigungsbad? Dem Übeltäter nützt das Wasser nichts – dem Reinen wird zum Festtag jeder Tag.«

In einem apokryphen Text wird erzählt, wie Jesus seine Jünger auf den Tempelplatz führte. Da trat ein Pharisäer, ein Oberpriester, Levi mit Namen, an sie heran und sprach zu Jesus: »Wer hat dir erlaubt, ungebadet wie du bist, diesen Ort zu betreten und die heiligen Geräte anzuschauen? Deine Jünger haben sich nicht einmal die Füße gewaschen!« Jesus blieb stehen und antwortete: »Sag, bist du denn rein?« Da antwortete jener: »Ich bin rein, denn ich habe im Davidsteich gebadet.« Da sagte Jesus: »Weh euch, ihr Blinden, die ihr nicht seht. Du hast dich in diesem stehenden Gewässer gebadet, in dem sich auch die Hunde und Schweine wälzen. Du hast dich gewaschen und deine äußere Haut gereinigt, wie es auch Dirnen und Flötenspielerinnen tun. Inwendig aber sind sie voller Schlechtigkeit. Ich aber und meine Jünger, die du ungewaschen nennst, wir sind gewaschen im Wasser des ewigen Lebens.«[23]

Erstarrter Glaube

Jesus und Buddha treten jeweils zu einer Zeit auf, in der sich Judentum und Hinduismus in einer Phase der Erstarrung und Veräußerlichung befinden. Sie knüpfen an die ihnen vertrauten Lehren an, setzen aber andere Akzente und öffnen neue Wege. Regeln und Vorschriften, deren Sinn nicht von selbst aufgeht, sondern erst diskutiert werden muss, sind »frag-würdig«. Andererseits gibt es bestimmte Riten, die, aus einer gläubigen Haltung vollzogen, keiner weiteren Begründung bedürfen. Ein Beispiel gibt der Zen-Meister Chaochou, der in der Andachtshalle meditierend vor dem Buddhabild saß, als ein junger Mönch eintrat. Der Mönch bemerkte den Meister, tat eine tiefe Verbeugung vor dem Buddhabild und wollte sich ebenfalls niedersetzen. Chao-chou unterbrach seine Andacht, sprang auf und gab ihm eine Ohrfeige. »Ist es nicht löblich, dem Buddhabild Verehrung zu zollen?«, fragte der Mönch. Chao-chou antwortet: »Ja, aber in diesem Fall ist es besser, es zu unterlassen.« Zweifellos erkannte Chao-chou, dass der Mönch die Verbeugung nur machte, weil der Meister in der Nähe war. Die Geste des Buddha-Grußes war nicht vorgeschrieben. Hätte der Mönch Buddha ehren wollen, wäre ihm die Anwesenheit des Meisters völlig gleichgültig gewesen und er hätte sich ebenso gut ohne die demonstrative Geste setzen können. Es ging ihm also nicht um die Verehrung des Buddhabildes, sondern um die Zurschaustellung seines Glaubens.

Buddha lehnte wie Jesus sklavisches Haften an Regeln und Riten ab: »Wer Läuterung anstrebt nur mit äußeren Mitteln, der wird nicht geläutert.« Vorschriften sind nicht um ihrer selbst willen da. Sie sollen Hilfestellung geben, nicht einengen. Sie zu beachten, gebietet die praktische Vernunft, sie zu verabsolutieren, ist menschenfeindlich. »Zwar müssen die Gebote und die Speisevorschriften befolgt werden«, bemerkt der Zen-Meister Dogen, »aber es ist falsch zu glauben, durch sie sei der Weg zur Erleuchtung zu finden. Man folgt den Regeln, weil es die Art Buddhas und seiner Schüler war, so zu leben. Eine gute Sache zu tun heißt jedoch nicht, sie zur Hauptsache zu machen.«

Übrigens hat Buddha seinen Schülern den Genuss von Fleisch und Fisch nicht grundsätzlich verboten, obwohl Vegetarier das immer wieder behaupten. Lediglich dann, wenn erkennbar war, dass ein Tier nur zu dem Zweck getötet worden war, die Mönche zu beköstigen, sollten sie die Speise ablehnen. »Unreine« Tiere oder Speisen wie im Judentum kannte Buddha nicht.

Jesus wird wiederholt vorgeworfen, die Sabbatruhe zu brechen. Da sind zum Beispiel die Jünger Jesu, die an einem Sonntag über die Kornfelder gehen und, da sie hungrig sind, »Ähren rupfen« (Mt 12,1). Gesetzeswidrig war daran nicht das Abreißen der Ähren, sondern das anschließende Zerreiben der Körner in der Hand, was als »Dreschen« und damit als Arbeit und Bruch der Sonntagsruhe gedeutet werden konnte. Eine haarspalterische Logik! Jesus beschränkte sich darauf, den Vorwürfen der Schriftgelehrten mit dem Hinweis auf ein historisches Vorbild zu begegnen: »Hat nicht auch David auf der Flucht vor Saul die Schaubrote im Tempel gegessen, weil er hungrig war?« Die Gebote sind um der Menschen willen da, nicht umgekehrt. Davids Leben ist wichtiger als die Einhaltung einer formalen Vorschrift.

Jesus überschreitet noch mehrfach in aller Öffentlichkeit das mosaische Gesetz. Da kommt er beispielsweise in die Synagoge und begegnet einem Mann, dessen Hand gelähmt ist. Es ist eine bewusste Provokation, dass er diesen Mann in die Mitte stellt und seine

Kritiker fragt: »Ist es erlaubt, am Sabbat Gutes zu tun?«. (Mk 3,4) Die gesetzestreue Antwort musste lauten: »Es ist nur erlaubt, am Sabbat zu helfen, wenn Lebensgefahr besteht.« Zu definieren, was »Lebensgefahr« war, das wiederum war Aufgabe einer ausgefeilten Kasuistik, wie sie die Schriftgelehrten betrieben. Gegen solche Haarspalterei wehrt sich Jesus entschieden. Als ihm ein Synagogenvorsteher Vorhaltungen macht, eine verkrümmte Frau am Sabbat geheilt zu haben, fährt Jesus seine Kritiker an: »Ihr Heuchler! Bindet nicht jeder von euch am Sabbat einen Ochsen oder Esel los und führt ihn zur Tränke? Und diese Tochter Abrahams, die der Satan schon achtzehn Jahre gefesselt hielt, sollte am Sabbat nicht befreit werden dürfen?« (Lk 13,15f.) Und der Evangelist vermerkt, dass sich die Schriftgelehrten ärgerten, die einfachen Gläubigen aber erfreut waren über diese klaren Worte.

Der Sinn des Sabbats, des Herrentages, kann kein anderer sein, als die Güte Gottes erfahrbar zu machen. »Was ist der letzte Sinn des Sabbats?«, fragt die Mutter des großen Rabbis Mendel in einer chassidischen Geschichte. Rabbi Mendel antwortet: »Der Sabbat heiligt.« Sie aber sagt: »Er heiligt nicht nur, er heilt dich auch.«[24]

Der »Herrentag« ist ein Tag der Erinnerung an die Befreiung Israels aus Ägypten. Wer diese Erinnerung in sich bewahrt und wach hält, der muss jede Ordnung ablehnen, die den Menschen in Unfreiheit und Unmündigkeit hält – und sei sie auch religiös begründet. Dies denken zu können und in die Tat umzusetzen, dazu gehören Mut und innere Freiheit, und das ist es, was die Gegner Jesu ärgert und herausfordert. Die Kritik Jesu richtet sich weniger gegen den Glauben der Pharisäer, als vielmehr gegen ihren blinden Eifer und ihre Überzeugung, durch absolute Gesetzestreue Gott wohlgefällig zu sein. »Ihr lasst das Wichtigste im Gesetz außer Acht«, tadelt Jesus, »Gerechtigkeit, Barmherzigkeit und Treue« (Mt 23,23).

Fragwürdige Gesetze

Einhaltung oder Nicht-Einhaltung von Gesetzen ist keine Frage der Willkür. Wenn Jesus ein Gesetz bricht, dann nur, um aufzuzeigen, wo seine strikte Anwendung absurd oder menschenfeindlich wird. Es gibt ein apokryphes Wort, das Jesus zu einem Mann gesagt haben soll, den er am Sabbat bei der Feldarbeit antraf: »Mensch, wenn du weißt, was du tust, dann bist du selig. Wenn du es aber nicht weißt, bist du verflucht und ein Übertreter des Gesetzes.«[25]

Wissen, was man tut und warum man es tut, das ist für Jesus die wahre Einhaltung der Gebote. »Das ist das Fasten, das ich liebe: Die Fesseln des Unrechts zu lösen, die Stricke des Jochs zu entfernen, die Versklavten freizulassen, an die Hungrigen dein Brot auszuteilen, die obdachlosen Armen ins Haus aufzunehmen, wenn du einen Nackten siehst, ihn zu bekleiden. Wenn du dann rufst, wird der Herr dir Antwort geben, und wenn du um Hilfe schreist, wird er sagen: Hier bin ich!« (Jes 58,6f.9)

Kehren wir noch einmal zum Beispiel der Fußwaschung vor dem Abendmahl zurück. Jesus wäscht Petrus die Füße – eine Geste der Demut, eine Verrichtung, die Aufgabe von Sklaven war. Petrus protestiert – wie kann der Schüler über dem Meister stehen? –, aber da der Protest nichts nützt, schlägt seine Haltung gleich in Übereifer um: »Nicht nur die Füße, Herr!« Er will ganz rein werden, reiner noch, als die Riten es erfordern. Der Staub der Straße soll weg, das Gemeine, Alltägliche. Petrus hat offenbar nicht verstanden, dass Jesus eine andere Form von Reinheit meint, die man mit der besten Seife und dem teuersten Parfüm nicht erzielt. Jesus weist deshalb sein Ansinnen zurück: »Wer aus dem Bade kommt, ist ganz rein und braucht sich nur noch die Füße zu waschen.« Für Jesus gibt es keine Trennung zwischen Füßen und Kopf, zwischen Staub und Weihrauch, zwischen heilig und unheilig, Leib und Seele. Der ganze Mensch wird rein, aber nicht durch ein rituelles Bad, sondern durch Umkehr, Buße und eine neue Gesinnung. Jesus wäscht Petrus die Füße, um ihm den Kopf zu waschen.

Die Koan-Sammlung »Mumonkan« enthält folgende eindringliche Warnung: »Vorschriften beachten und Regeln einhalten heißt, sich an Nebensächliches zu binden. Frei und ungehemmt handeln, so wie es einem gerade beliebt, heißt, das zu tun, was der Teufel zu tun pflegt. Nur den Geist zu üben und zu läutern ist die falsche Methode, das Leben zu bewältigen. Immer nur auf der Hut zu sein vor dem Bösen heißt, Ketten und ein eisernes Joch zu tragen. Erleuchtet zu sein und sich dessen bewusst zu sein bedeutet, zwischen zwei hohen Bergen eingeschlossen zu werden. Einfach dazusitzen und abzuwarten ist die Praxis von Toten. Nun sag mir, was willst du tun?«

Straße oder Strom?

Der Weg zum Heil

Joshu fragte einst Nansen: »Was ist der Weg?«
Nansen sprach:
»Dein alltäglicher Geist ist der Weg.«
Joshu fragte: »Muss man ihn suchen oder nicht?«
Nansen antwortete:
»Wer sich eigens zu ihm hinwendet,
wendet sich von ihm ab.«
Joshu fragte: »Wie kann man wissen,
ob man auf dem rechten Weg ist?«
Nansen gab ihm folgende Belehrung:
»Der Weg überschreitet beides,
Erkennen und Nicht-Erkennen.
Erkennen ist Täuschung, Nicht-Erkennen ist
Gleichgültigkeit. Wenn du an den Punkt gelangst,
wo der Zweifel aufhört,
ist der Weg weit und offen wie der Himmel.«

Mumonkan, das 19. Koan

»Sorget euch nicht um euer Leben und darum, dass ihr etwas zu essen habt, noch um euren Leib und darum, dass ihr etwas anzuziehen habt. Ist das Leben nicht wichtiger als die Nahrung und der Leib nicht wichtiger als die Kleidung?«

Matthäus 6,25

In den Gleichnissen Jesu und den Predigten Buddhas kommen immer wieder die einfachen Leute vor: Fischer, Bauern, Bäcker, Handwerker, Hirten, Färber, Tagelöhner. Es ist eine »alltägliche« Szenerie, in der sich die Erleuchtung oder das Kommen des Reiches Gottes vollzieht. Jesus und Buddha werten den Alltag auf. Er steht nicht länger im Gegensatz zu einer »höheren« Tätigkeit des Menschen, der man beispielsweise durch einen Kirchbesuch am Sonntag genügt. »Unser alltägliches Leben ist das Leben Buddhas«, sagt der Zen-Meister Chao-chou. Ob ich sitze oder stehe, arbeite oder schlafe, mich anstrenge oder faulenze – immer ist ein Aspekt des Göttlichen in meinem Handeln.

Jesus und seine Jünger leben wie die frühen buddhistischen Mönche in frei gewählter Heimatlosigkeit. »Die Füchse haben Höhlen und die Vögel Nester. Der Menschensohn aber hat keinen Platz, wo er sein Haupt hinlegen kann.« (Mt 8,20) Damit beschreibt Jesus eine elementare Seinserfahrung des Menschen. Tiere haben keine metaphysischen Probleme. Sie leben in einer zeitlosen Gegenwart, sie handeln ihrer Art, ihrer Prägung und ihrem Instinkt angemessen, sie kennen keine Sorgen und können nicht über sich selbst nachdenken. Obwohl sie Schmerzen spüren, sind sie nicht in der Lage, diese als »Leid« zu reflektieren. Der Tod entzieht sich ihrer Voraussicht. So gesehen sind sie »glücklicher« als die Menschen. Glück und Unglück sind menschliche Kategorien, die ein unterscheidendes, voraus- und zurückblickendes Denken voraussetzen.

Der Futtersammeltrieb des Eichhörnchens entspringt nicht dem Wissen um die Entbehrungen des Winters; er ist angeboren und ändert sich auch nicht in Gefangenschaft, wo der Mensch ausreichend Futter bereitstellt. Der Mensch muss sorgen, weil die Natur nicht für ihn sorgt. Er ist seiner Kreatürlichkeit ein Stück weit entwachsen; er hat sich emanzipiert um den Preis der Sorglosigkeit. Die Natur, von der er sich zu trennen versucht wie ein Kind, das sich von der Hand der Mutter losreißt, wird mehr und mehr als Bedrohung empfunden. Fürchteten sich die Menschen der archaischen Gesellschaften vor Blitz und Donner, vor Erdbeben, Wasser oder Feuer, so ist die Angst des modernen Menschen eine viel umfassendere und größere. Er erlebt sich als »heimatlos«, als nicht mehr rückgebunden an eine Macht, die ihre Hand schützend über ihn hält. Es gibt keinen Weg zurück in eine naive Unschuld.

Leben in Unsicherheit

Jesus und Buddha wählten ein Leben, das sich auf Heimatlosigkeit und Hauslosigkeit einlässt. Damit ist nicht nur gemeint, dass sie kein festes Dach über dem Kopf hatten. Es geht auch um ein »Unbehaustsein« in der Welt, um eine geistige Freiheit, um ein Nicht-Haften an den Dingen. Der amerikanische Schriftsteller Alan Watts hat dies einmal »Wisdom of Insecurity« – die »Weisheit der Unsicherheit« genannt. Der Mensch, der sich der Welt und dem Leben anvertraut, macht die Erfahrung, dass er nicht in einen Abgrund oder in die Leere fällt, sondern gehalten wird. Für Karlfried Graf Dürckheim ist es ein Sich-lassen in den »mütterlichen Raum« unseres Menschseins, eine »Brücke zur Erfahrung des mütterlichen Aspektes des überweltlichen Seins, das alles in der Welt Seiende und Gewordene nährt, trägt, umformt und erlöst.«[26]

Schon der ganz alltägliche Vorgang des Gehens zeigt anschaulich das Wirken dieser »mütterlichen Kraft«. Kein gesunder Mensch macht sich Gedanken über seine Körpermotorik. Würden wir bei einem Spaziergang darüber nachdenken, welche Muskeln wir anspannen müssen, welche Knochen bewegen, wie das Gleichgewicht verlagern oder die Sohlen aufsetzen, wir kämen keinen Schritt vorwärts. Zen will den Menschen ermuntern, sich nicht nur physisch auf solch selbstverständliche Art und Weise in der Welt zu bewegen.

Ein Regenwurm fragte einen Tausendfüßler, wie er seine zahlreichen Füße so koordiniert bewegen könne. Der Tausendfüßler stutzte und sagte: »Du hast Recht, darüber habe ich noch nie nachgedacht!« Und von jener Stunde an gerieten seine Füße mit jedem Schritt durcheinander und er konnte sich nicht mehr bewegen.

Die kleine Anekdote macht deutlich, dass wir in einem natürlichen Rhythmus leben, der uns normalerweise nicht bewusst ist und der deshalb auch nicht zum Problem wird. Nicht wir gehen, sondern »es« geht, und wir werden vom Rhythmus dieser Bewegung weitertragen. Wandern ist deshalb nicht nur gesund, sondern auch eine Form von Meditation. Ähnlich ist es mit der Atmung. Die normale Atembewegung vollzieht sich ganz von selbst. Erst durch seelische Störungen, Stress oder ungesunde Lebensweise kommt es zu Verspannungen und zu einem falschen Atem, auf den wir aufmerksam werden, weil er Beschwerden verursacht. Zahlreiche Meditationsübungen beginnen deshalb mit Entspannungs- und Atemübungen, wie sie wohl schon Buddha mithilfe der indischen Yoga-Methode praktizierte.

»Wenn ich sitze, dann sitze ich. Wenn ich stehe, dann stehe ich. Alles, was ich tue, das tue ich ganz«, sagt ein Zen-Meister. Und Yün-Men ergänzt: »Beim Gehen: Geh. Beim Sitzen: Sitz. Vor allem aber: Wanke nicht.« Die Voraussetzung eines natürlichen Verhaltens, das mit dem Rhythmus des Lebens im Einklang steht, ist Urvertrauen in das Gelingen dessen, was wir beginnen. Im buddhistischen Verständnis ist dies die Einheit des Menschen mit dem Weltprinzip, im christlichen Sinne das Geborgensein in Gott, »denn in ihm leben wir, bewegen wir uns und sind wir« (Apg 17,28).

Buddha vergleicht seine Lehre mit einer vom Urwald überwucherten Straße zu einer vergessenen Stadt. Straße und Stadt sind immer schon vorhanden, sie müssen nur wiederentdeckt werden. Wer sich auf diese Suche macht, der tritt ein in den »großen Strom«, der ihn zum Ziel treiben wird, ohne dass er sich besonders anstrengen muss. Vor dem Hintergrund der Vorstellung, dass unser Leben im wesentlichen »gewirkt wird« und weniger wir selbst »wirken«, kamen einige Zen-Schulen zu der Ansicht, dass auch Erleuchtung nicht willentlich erreicht werden könne. Nur Absichtslosigkeit, die nichts will und nichts anstrebt und den Geist »arm« werden lässt, führt zum Ziel. »Kein Gedanke, keine Reflexion, kein Üben, keine Absicht: Lass es sich selbst dartun«, sagt ein Zen-Meister. Oder wie die jüdische Weisheitslehre formuliert: »Wer die Weisheit liebt, erblickt sie schnell, und wer sie sucht, findet sie. Denen, die nach ihr verlangen, gibt sie sich sogleich zu erkennen. Wer sie am frühen Morgen sucht, braucht keine Mühe: Er findet sie vor seiner Türe sitzen.« (Weish 6,12–14)

In einer mittelalterlichen Einführung in die christliche Meditation und in das mystische Gebet, die unter dem Titel »Die Wolke des Nichtwissens« bekannt wurde, wird vor jeder verbissenen Gottsuche gewarnt: »Ich bitte dich, sei vorsichtig und übe nicht krampfhaft. Folge mehr freudiger Neigung als unvernünftigem Zwang. Je froher du übst, um so gelassener und geistiger wird deine Kontemplation sein. Strengst du dich zu sehr an, so wird das Ergebnis nur Überspannung sein. Wer sich zwingt, den hohen Berg des kontemplativen Gebetes zu ersteigen, wird mit Steinen davongejagt werden. Krankhafter Zwang ist hart wie Stein, weil ihm der Tau der Gnade fehlt. Darum sage ich noch einmal: Lerne, an Leib und Seele entspannt, heiter und gelassen, dich in dieser Übung Gott hinzugeben. Warte geduldig und bescheiden auf sein Wirken und lechze nicht gierig wie ein ausgehungerter Hund nach seiner Gnade.«[27]

Armut im Geiste

Der Mensch, der Gott finden will, muss »arm« werden, seinen Eigenwillen aufgeben und »den Willen des Vaters tun«. Mehr noch: Meister Eckehart bemerkt scharfsinnig: »Solange der Mensch dies noch an sich hat, dass es sein Wille ist, den Willen Gottes erfüllen zu wollen, so hat ein solcher Mensch nicht die Armut, von der wir sprechen wollen. (...). Denn soll der Mensch wahrhaft Armut haben, so muss er seines geschaffenen Willens so ledig sein, wie er's war, als er noch nicht war. Denn ich sage euch bei der ewigen Wahrheit: Solange ihr den Willen habt, den Willen Gottes zu erfüllen, und Verlangen habt nach der Ewigkeit und nach Gott, so lange seid ihr nicht richtig arm.«[28]

Das könnte auch ein Zen-Meister geschrieben haben. »Solange ihr Erleuchtung erreichen wollt, seid ihr nicht absichtslos.« Allzu großer Erlösungseifer steht sich selbst im Weg. Zur Verwirklichung des Heils bedarf es zwar einer gewissen Begeisterung, aber auch einer Gelassenheit, die sich dem Ziel beharrlich, aber ohne Hast nähert.

»Wir sind den ganzen Tag emsig tätig«, stellt Pai-chang fest, »warum nur und für wen?« Wer oder was ist dieses Ich, das sich in Hektik versetzen lässt, das immer das Gefühl hat, zu spät zu kommen, etwas zu verpassen, anderswo erwartet zu werden? Der Schüler Joshu, der später selber ein berühmter Meister wurde, sorgt sich in unserem Koan um den richtigen Weg. Er glaubt, er könne ihn verfehlen, wenn er nicht ständig auf seine Füße schaue und nachprüfe, ob er nach links oder rechts vom Pfad abgewichen sei. Nansen dagegen macht ihm klar, dass der geistige Weg, um den es im Buddhismus geht, viel breiter ist, als der Mönch vermutet. Er ist so breit, dass man auch dann, wenn man meilenweit abirrt, noch immer auf das Ziel hin unterwegs ist. Wo Zweifel und Unsicherheit, auf dem richtigen Weg zu sein, enden, öffnet er sich in die Unendlichkeit des Kosmos.

Wir können uns die Welt, in der wir leben, nicht aussuchen. Wir sind darauf angewiesen zu glauben, dass wir für dieses Leben geschaffen sind und uns in dieser Welt mit einer Selbstverständlichkeit bewegen können wie ein Fisch im Wasser. Von Rabbi Menachim Mendel aus Kosk wird erzählt, er habe eines Morgens gesagt: »Als ich heute erwachte, dünkte es mich, ich sei kein lebender Mensch. Ich machte die Augen auf und betrachtete meine Hände und sah, ich kann mich ihrer bedienen, und ich wusch sie, und ich betrachtete meine Füße und sah, ich kann mit ihnen gehen, und ich machte ein paar Schritte. So sprach ich den Segen: Gesegnet sei, der die Toten belebt – und verstand: Ich bin ein lebendiger Mensch.«[29]

Zen und die chassidische Bewegung, aus der diese Geschichte stammt, haben eines gemeinsam: Sie betonen die Freude an der Welt, die weisen wie einfältigen Menschen gleichermaßen zugänglich ist. Die chassidischen Juden Osteuropas erregten Aufsehen durch ihren ausgelassenen Tanz, ihre Musik, ihre Feste, aber auch durch den großen Ernst ihres Gebetes. Ähnlich ist es mit berühmten buddhistischen Zen-Mönchen, die in den Augen ihrer Mitmenschen als »verrückt« galten, weil sie mit einer Trommel über den Marktplatz tanzten, Lieder sangen oder betrunken aus einer Schänke kamen.

Der Dichter Ikkyu Sojun, der im Japan des 15. Jahrhunderts lebte und sich selbst den Namen »Verrückte Wolke« gab, war eine der schillerndsten Gestalten des Zen, ein Individualist und Einzelgänger, dem

Wein und den schönen Frauen zugetan. Mitunter erschien er in den Straßen Kyotos, in Lumpen gekleidet und mit einem Totenschädel unter dem Arm, um den erschrockenen Bürgern mitzuteilen, das Leben sei kurz und man solle sich auf den rechten Weg besinnen. Oder er legte sich mit den Äbten und Zen-Meistern seiner Zeit an und warf ihnen vor, die Lehre zugunsten eines bequemen Lebens zu vernachlässigen: »Wer von Rinzais Schülern schert sich um die wahre Überlieferung? In ihren Schulen ist kein Obdach für den blinden Esel, der unterwegs ist mit Stab und Strohsandalen. Hier übt man Zen auf sicherem Boden, bequem zurückgelehnt und nur für eigenen Gewinn.«[30]

Ikkyu wurde wegen seiner Ausschweifungen und seltsamen Eskapaden immer wieder angegriffen. Aber letztlich mussten alle Kritiker zugeben, das Ikkyu ein authentisches Zen lebte. Er trat in den »großen Strom« ein und folgte seinen zahllosen Windungen, die oft wie Irrwege erschienen und dennoch zum Meer führten. Er lebte ohne ängstliche Sorgen, nicht zügellos, aber auch nicht blindlings Geboten und Verboten folgend. In einer von Bürgerkriegswirren, Revolten und politischen Machtkämpfen gezeichneten Zeit versuchte Ikkyu das Einswerden mit der Welt in der absoluten Gegenwart zu leben.

Buddhas Lehre führt uns ebenso wie die Worte Jesu »Sorget nicht ängstlich ...« genau in das Heute und Hier. »Der morgige Tag wird für sich selbst sorgen«, sagte Jesus zu seinen Jüngern. Das Leben fragt nicht nach unseren Sorgen und Ängsten; der nächste Tag ist unausweichlich, aber er ist nicht unser Feind. »Lasst euch nicht beirren!«, rufen die Zen-Meister ihren Schülern immer wieder zu. »Fasst Vertrauen zu euch selbst. Geht weiter!«

Der Alltag als Heilsweg

Das Leben mit Selbstverständlichkeit anzunehmen und zu leben bedeutet auch, sich von nichts beeindrucken zu lassen und vor niemandem falschen Respekt zu haben. Eine Zen-Geschichte mag das verdeutlichen: Tao-Hsin begegnet in den Bergen dem berühmten Einsiedler Fa-Yung. Während ihrer Unterhaltung brüllt in allernächster Nähe ein Tiger. Tao-Hsin springt erschrocken auf, während Fa-Yung ruhig sitzen bleibt und sagt: »Aha, du bist noch nicht frei davon. Ich will gehen und das Tier verjagen.« Man muss wissen, dass mit »Tiger« nicht nur ein Raubtier gemeint war, sondern auch ein ehrender Beiname Buddhas. Die Ironie der Erzählung beruht im Doppelsinn des Wortes. Während der Meister fort ist, um den »Tiger« zu verjagen, malt Tao-Hsin auf den Felsblock, der Fa-Yung als Sitzplatz diente, das chinesische Zeichen für »Buddha«. Als Fa-Yung zurückkehrt und sich setzen will, sieht er das Zeichen und zögert, sich niederzusetzen. »Aha«, lächelt Tao-Hsin, »wie ich sehe, bist auch du nicht frei davon.«

Nichts ist heilig und nichts unheilig für den, der sich dem Strom anvertraut. Er verachtet nichts, aber er zollt auch keinem Ding, und sei es noch so Ehrfurcht gebietend, übergebührlichen Respekt. Selbst »Buddha« kann ihn nicht erschrecken. Er lebt sein Leben in natürlicher Harmonie mit sich selbst und der Welt. Sein alltägliches Leben wird zum Weg zu Gott. »Mag es regnen, weh'n der Wind – das Leben ist nur ein Meilenstein auf der langen Reise vom Abirren zum rechten Weg.« (Ikkyu)

Der spirituelle Weg eines Buddhisten kann auch seine Arbeit sein – immer vorausgesetzt, sie wird mit Leib und Seele getan. In Japan lebte im 19. Jahrhundert ein einfacher Schuhmacher namens Saichi, der ein begeisterter Buddha-Anhänger war. Saichi war für die guten Holzschuhe, die er fertigte, bekannt. Aber die wenigsten seiner Kunden dürften geahnt haben, dass er auf die Späne, die beim Bearbeiten des Holzes abfielen, und auf manche Sohlen buddhistische Gebete schrieb. Die Menschen liefen also im Schuhwerk der Gebete durch das Leben und wiederholten mit jedem Schritt Saichis Grundüberzeugung: »Der Weg, um aus dieser Welt ins Land der Seligkeit zu gelangen, ist kein anderer als diese Welt.«

Ein Schüler kam zum Meister und sagte: »Ist es sehr anstrengend, sich in der Erkenntnis des Weges zu üben?« Der Meister schüttelte den Kopf. »Wie übst du dann?«, fragte der Mönch. Der Meister sagte: »Wenn ich hungrig bin, dann esse ich, wenn ich müde bin, dann schlafe ich.«

»Das tun andere doch auch«, wunderte sich der Mönch. Der Meister antwortete: »Nein, sie tun es nicht. Denn wenn sie essen, essen sie nicht, sondern denken über tausend Dinge nach. Und wenn sie schlafen, dann schlafen sie nicht, sondern träumen von tausend anderen Dingen. Darum kommen sie der Wahrheit nicht näher.«

Eine Sache ganz tun, darauf kommt es an; unwichtig ist, ob es sich dabei um etwas sehr Bedeutendes oder um alltägliche Verrichtungen handelt. Man muss nur alles in voller leib-seelischer Präsenz tun, hellwach und aus der Mitte heraus.

Einige Tage später läutete zur Mittagszeit wie üblich die Tempelglocke. Da ließ der Mönch, der gerade bei der Feldarbeit war, alles stehen und liegen und lief zum Essraum. Als er ankam, merkte er, dass er der Erste war und schämte sich seiner Eile. Aber der Meister, der ihn kommen sah, lachte nur herzlich und sagte: »Du hast es erfasst!«

Herr oder Diener?

Der Weg zur Brüderlichkeit

Buddha sagte zu Ananda: »Wer da meint:
Ich will über die Gemeinde herrschen, oder:
Die Gemeinde soll mir untertan sein –
der mag der Gemeinde seinen Willen aufzwingen.
Der Vollendete aber meint nicht:
Ich will über die Gemeinde herrschen
oder möge mir die Gemeinde untertan sein.«

Buddha-Legende

»Ihr wisst, dass die, die als Herrscher gelten,
ihre Völker unterdrücken und die Mächtigen
ihre Macht über die Menschen missbrauchen.
Bei euch aber soll es nicht so sein,
sondern wer bei euch groß sein will,
der soll euer Diener sein.«

Markus 10,42f.

»Buddhaschaft ist ein Weg, den jeder allein gehen muss« (10. Sutra), und es gibt viele Wege, auf denen der Mensch zum Ziel gelangen kann. Auf diese Erkenntnis hat der Buddhismus immer Rücksicht genommen. Kein Buddhist wird gezwungen, an bestimmte Inhalte der Lehre zu glauben oder Dogmen anzuerkennen. In den Klöstern sind zwar die äußeren Formen, der Tagesablauf und das gemeinsame Üben geregelt, aber die geistige Freiheit jedes Einzelnen bleibt gewahrt. Ein Mönch, der zur Überzeugung gelangt, dass sein Weg falsch ist, kann den Orden formlos verlassen, ohne gesellschaftliche Nachteile zu befürchten. Noch heute ist es in vielen Klöstern üblich, dass junge Leute für eine begrenzte Zeit in die Gemeinschaft aufgenommen werden, um dann wieder in ihr Berufsleben zurückzukehren oder eine Ausbildung zu beginnen.

»Mönch ist man nicht, weil man eine Kutte trägt, unter freiem Himmel lebt, weil man fastet oder Glaubensbekenntnisse aufsagen kann«, stellt Buddha im 40. Sutra fest. »Wenn man dadurch, dass man eine Kutte trägt, Begierde, Bosheit, Zorn, Missgunst, Heuchelei und Betrug überwinden könnte, sollte man jedem Neugeborenen eine Kutte schenken. Deshalb erkenne ich keinen an, nur weil er die Kutte trägt und an den regelmäßigen Übungen teilnimmt.«

Mönch zu sein bedeutet im Buddhismus in erster Linie, »in den Strom einzutreten«. Und dieser Strom nimmt seinen eigenen, von Menschen nicht zu bestimmenden Weg. Aber natürlich kommt keine religiöse Gemeinschaft ohne ein Mindestmaß an Regeln und Leitungsstrukturen aus. Buddha war nicht so blauäugig anzunehmen, seine Schüler seien Heilige, zwischen denen kein Streit ausbrechen könne. Im Gegenteil. Im Mahavagga, einer Buddha-Biografie, wird sogar geschildert, dass sich einige seiner Anhänger in die Haare kriegten und den Meister, der beschwichtigend dazwischentreten wollte, mit den Worten abfertigten: »Setz dich hin und halte den Mund, die Sache ist allein unsere Angelegenheit!« Angewidert verließ Buddha die Versammlung. Franziskus von Assisi machte eine ähnliche Erfahrung: »Wir wollen dich nicht mehr als Herrn über uns«, beschieden ihn einige seiner Mitbrüder. »Du bist kein Redner, du bist unscheinbar von Gestalt und Auftreten und einfältig in deiner Denkungsart.« Franziskus sah sich schweren Herzens gezwungen, die Leitung des Ordens aufzugeben.

Autorität und Macht

Wo Menschen zusammenkommen, entstehen Probleme. Eine religiöse Gemeinschaft macht da keine Ausnahme. Auch Jesus sieht die Konflikte. Haben nicht einige seiner Jünger bereits Erkundigungen eingezogen, wie im künftigen Himmelreich die Posten verteilt werden? Streitet man sich nicht um die Plätze links und rechts des Erlösers? (Mt 20,20–27) Christus weist solche Spekulationen strikt zurück. Er stellt den Jüngern wiederholt weltliche Herrschaft als Negativbeispiel vor Augen: »Die Mächtigen unterdrücken die Menschen. Gewalt regiert die Welt. Unter euch soll es anders sein. Macht euch zur Angewohnheit, einander zu dienen.«

In den urchristlichen Gemeinden versuchte man dies in die Praxis umzusetzen. »Die Gemeinde der Gläubigen war ein Herz und eine Seele«, heißt es in der Apostelgeschichte. »Keiner nannte etwas von dem, was er hatte, sein Eigentum, sondern sie hatten alles gemeinsam.« (Apg 4,32) Die Freude des urchristlichen Aufbruchs blieb nicht ungetrübt: Egoismus, soziale Blindheit, Irrlehren und der Trend zum Rückfall in heidnische Kulte erschütterten die Gemeinden. Aus den Apostelbriefen lässt sich entnehmen, dass die Probleme oft nur durch die Autorität der Apostel gelöst werden konnten. Der Aufbau von Leitungsstrukturen und das Primat eines »Papstes« zeichnete sich ab. »Kirche« als verfasster Ordnungsapparat entstand.

Buddha ernannte keinen Nachfolger. Sein Diener und Schüler Ananda erklärt im 108. Sutra ausdrücklich, Buddha habe keinen Mönch bestimmt, der nach seinem Tod die Gemeinde leiten solle, noch sei irgendjemand aus dem Kreis der älteren Mönche in eine solche Funktion gewählt worden. »Wenn kein Leiter und

Beschützer da ist, wie kann dann Eintracht unter den Mönchen bewahrt bleiben?«, wundert sich daraufhin ein Brahmane. Ananda antwortet: »Wir sind nicht ohne Leiter und Beschützer. Die Lehre des Erhabenen leitet und beschützt uns. Er hat den Weg entdeckt, erkundet und erklärt, damit seine Jünger ihm auf diesem Weg nachfolgen.«

Wenn Buddha, wie wir in dem Koan »Buddha zeigt eine Blume« gehört haben, dem Mönch Kashyapa die Weitergabe seiner Lehre anvertraut, so ist zu beachten, dass es sich dabei nicht um ein Leitungsamt handelte. In der Praxis übernahmen meist die älteren Mönche (Theras) die Leitung der Gemeinde. Das ging so lange gut, wie über Inhalt und Auslegung der Lehre Einigkeit herrschte. Doch bereits hundert Jahre nach Buddhas Tod, beim zweiten Konzil in Vesali, gingen die Meinungen weit auseinander. Buddha hatte neben dem Lebensdurst noch eine zweite Ursache für die Entstehung des Leidens genannt: Unwissenheit. Es war also natürlich, dass sich seine Schüler um Abhilfe bemühten: Unwissenheit sollte durch Gelehrsamkeit, Lebensdurst durch strenge Askese bekämpft werden. Doch wem war der Vorzug zu geben? Über diese Frage entbrannte ein Richtungsstreit. Gleichzeitig führte das Anwachsen der buddhistischen Ordensgemeinschaft zu sozialen Schwierigkeiten. Schon zu Lebzeiten Buddhas hatten sich viele Mönche dem Orden nur angeschlossen, um gut versorgt zu sein. Buddha kritisierte diese Haltung: »Ein solcher Mönch ist nun zwar gut versorgt und zu Ansehen und Ehre gekommen. Aber er wird stolz darauf und schaut geringschätzig auf andere Mönche herab, die weniger streng Askese üben, die noch nicht zur völligen Befreiung gelangt sind, die kaum bekannt sind und wenige Verehrer haben und deren Almosenschale leer bleibt.« (29. Sutra) Durch die Aufstellung strenger Ordensregeln versuchte man, diesem Missstand zu begegnen, aber eine Synthese der unterschiedlichen Strömungen innerhalb der buddhistischen Bewegung gelang nicht. Dass es nicht zu so ernsten und folgenschweren Spaltungen kam wie im Christentum, ist eine Folge der bereits erwähnten buddhistischen Grundüberzeugung, dass jeder Mensch seinen individuellen Heilsweg suchen muss, den ihm niemand auf der Welt – auch keine »Kirche« – vorschreiben kann.

»Wir haben unterschiedliche Gaben, je nach der uns verliehenen Gnade. Hat einer die Gabe prophetischer Rede, dann rede er in Übereinstimmung mit dem Glauben; hat einer die Gnade des Dienens, dann diene er. Wer zum Lehren berufen ist, der lehre; wer zum Trösten und Ermahnen berufen ist, der tröste und ermahne. Wer gibt, gebe ohne Hintergedanken; wer Vorsteher ist, der setze sich eifrig ein.« Das schreibt Paulus im Römerbrief (Röm 12,6–8), einer Art Verhaltenskodex für die frühchristlichen Gemeinden. Und weiter heißt es: »Seid einander in brüderlicher Liebe zugetan, übertrefft euch in gegenseitiger Achtung. Freut euch mit den Fröhlichen und weint mit den Weinenden. Seid untereinander eines Sinnes; strebt nicht hoch hinaus, sondern bleibt demütig. Haltet euch selbst nicht für weise.« (vgl. Röm 12,10–16)

Eine solche Auffassung von »Gemeinde« ist auch im Buddhismus zu finden. Das berühmte Assapura-Sutra, dessen Abschnitte immer mit der programmatischen Frage: »Was ist noch mehr zu tun?« beginnen, lehrt: »Ihr müsst euch bemühen, dass euer Reden, euer Denken, euer Handeln ganz rein, offen, unverhüllt und beherrscht ist. Wegen der Reinheit des Redens, Denkens und Handelns dürft ihr euch aber nicht selbst überheben und auf andere verächtlich hinabschauen.« Angemerkt sei, dass das Wort »rein« im buddhistischen Kontext nicht als Gegensatz zu »schmutzig« oder »sündhaft« gebraucht wird, sondern im Sinne von »absolut«, »ohne Beimischung« – so wie wir beispielsweise von »reinem Weiß« sprechen. Wie das »reine« Denken, Reden und Handeln in der Praxis aussehen soll, beschreibt das 51. Sutra: »Ein Mönch meidet die Lüge, redet die Wahrheit, er ist ehrlich, vertrauenswürdig, erzählt nicht weiter, was er gehört hat, um zu entzweien; vielmehr eint er die Entzweiten, meidet rohe Reden und leeres Geschwätz, spricht nur den Tatsachen gemäß und dem Zweck entsprechend, maßt sich nichts an, schmückt sich nicht mit fremden Federn und folgt in allem den Ordensregeln.«

Das dienende Element

»Wer bei euch groß sein will, der soll euer Diener sein«, ermahnt uns Jesus. Das dienende Element, von dem hier gesprochen wird, ist in den christlichen Gemeinden leider in Vergessenheit geraten. Stattdessen sorgt sich die Hierarchie, der »unverfälschte Glaube« könne Schaden nehmen durch zu viel Einfluss der Laien. Gehen die Reformen nicht zu weit? Werden nicht grundsätzliche Positionen aufgegeben? Ist das noch »katholisch« oder »evangelisch«? Wer den Glauben nur als ein System von Lehrsätzen und Dogmen kennen gelernt hat, der muss in der Tat fürchten, dass mit dem Fall eines Dogmas auch die Kirche fällt. Es gibt zu denken, dass die Frage, wer zur »Kirche Christi« zähle, noch immer an einem orthodoxem Bekenntnis und an Verwaltungsakten festgemacht wird, weniger jedoch am konkreten Handeln des Einzelnen. Menschen, die außerhalb der Kirche dem Weg Jesu Christi zu folgen versuchen, werden mit einem abwertenden Unterton als »Humanisten« bezeichnet. Das erinnert an das Verhalten der Jünger Jesu, die sich bei ihrem Meister darüber beschweren, dass ein Fremder, einer »der uns nicht nachfolgt«, in Jesu Namen Kranke heile. (Mk 9,38)

Kritiker, Einzelgänger, ja sogar Irrlehrer gab es auch im Buddhismus, aber man verfolgte sie nicht, sondern ließ sie gewähren. Schon zur Zeit des indischen Kaisers Asoka (etwa 269–232 v. Chr.), der ein überzeugter Buddhist war und ein indisches Großreich schuf, gab es rund 30 verschiedene buddhistische Sekten, von denen viele wieder zerfielen, andere bis auf den heutigen Tag weiter bestanden. Um 1200 nach Christus war der Buddhismus durch das Vordringen des Islam und durch nicht-buddhistische Herrscher in Indien nahezu ausgestorben; dafür blühte er in China und Japan auf. Zu den erstaunlichsten Aspekten der buddhistischen Bewegung gehört die Tatsache, dass sie 2500 Jahre ohne straffe Leitungsstrukturen überlebte und dabei immer wieder ihre Vitalität unter Beweis stellte.

Mitleid oder Gleichgültigkeit?

Der Weg zur Barmherzigkeit

Als Buddha starb, legte er sich nieder und wurde
von einem Fieber befallen. Ananda, sein Diener,
bereitete ihm unter Tränen das Lager.
Da sagte Buddha lächelnd:
»Wenn der Buddha Maitreya kommt,
um mein Werk zu vollenden,
wird auch er einen Ananda haben.«

Buddha-Legende

Als Jesus in Betanien im Haus Simons
des Aussätzigen bei Tisch war,
kam eine Frau mit einem Alabastergefäß
voll echtem, kostbaren Nardenöl,
zerbrach es und goss Öl über sein Haar.
Einige aber wurden unwillig und sagten
zueinander: »Wozu diese Verschwendung?«
Und sie machten der Frau heftige Vorwürfe.
Jesus aber sagte: »Hört auf!
Warum lasst ihr sie nicht in Ruhe?
Sie hat ein gutes Werk an mir getan (...)
Überall auf der Welt, wo das Evangelium
verkündet wird, wird man sich an sie erinnern
und erzählen, was sie getan hat.«

Markus 14,3–9

In einem katholischen »Werkbuch zur Firmvorbereitung« fand ich folgenden Text:

»Ein Mann fiel in einen Brunnen und schrie um Hilfe. Buddha kam vorbei, hörte sein Rufen und tröstete: Alles Leben ist Leiden. Finde dich damit ab!

Konfutse kam vorbei, beugte sich über den Brunnenrand und sagte: Wenn du mir entgegenspringst, ziehe ich dich heraus. Der Mann versuchte es, war aber zu schwach.

Auch Jesus kam vorbei. Er warf seinen Mantel ab, stieg in den Brunnen hinein, nahm wortlos den Verlorenen auf seine Schulter und trug ihn aus dem Schacht ans Licht.«

Das ist eine entstellende Wiedergabe der buddhistischen Botschaft. Sie steht im krassen Gegensatz zur Menschlichkeit Buddhas, zu seinem großen Mit-Leid. Wäre es ihm nur um das eigene Heil gegangen, hätte er nach seiner Erleuchtungserfahrung der Welt entsagen und sich als Einsiedler in den Himalaya zurückziehen können. Das entsprach der Tradition der Arhats, der »heiligen Männer« Indiens. Buddha gibt ein anderes Beispiel. Gewiss, der Ansatz seines Denkens ist die Überzeugung, dass Leben Leiden bedeutet. Immer wieder hat er seine Schüler aufgefordert, zu den Leichenverbrennungsplätzen zu gehen und Trauer und Leid hautnah zu erleben. Aber er sagt nicht: »Alles Leben ist Leiden. Finde dich damit ab!«, sondern beginnt ein jahrzehntelanges Wanderleben und versucht, seine

Botschaft von der Überwindung des Leidens allen Menschen nahe zu bringen.

»Wir wollen Beispiel geben durch unser Verhalten«, ermuntert er seine Schüler in einer Predigt: »Wo andere gewalttätig sind, wollen wir niemanden verletzen. Wo andere Lebendes töten, wollen wir nicht töten. Wo andere stehlen, wollen wir nichts nehmen, das uns nicht gegeben wird. Wo andere lügen, wollen wir die Wahrheit sagen. Wo andere boshaft sind, wollen wir Güte walten lassen. Wo andere schwanken, wollen wir alle Zweifel überwinden. Wo andere grob sind, wollen wir zart sein. Wo andere unbarmherzig sind, wollen wir barmherzig sein. Wo andere habgierig sind, wollen wir ohne Gier sein. Wo andere misstrauen, wollen wir Vertrauen hegen.« (8. Sutra)

Diese Worte erinnern an die Bergpredigt. Mit-Leid und Mit-Freude, Menschlichkeit, Gewaltlosigkeit und Toleranz gehören zu den Grundvollzügen buddhistischen Lebens. Sie verweisen auf das »ursprüngliche Antlitz« des Menschen, das von Güte und Erbarmen geprägt ist. Im 21. Sutra sagt Buddha: »Wie eine Mutter ihr einziges Kind mit Einsatz des eigenen Lebens hütet, so soll jeder ein weites, grenzenloses Herz für alle Lebewesen haben. (...) Güte lasse er über die ganze Welt ausstrahlen, unbegrenzt, ohne Hass und ohne Feindschaft.« Und wenig später: »Nichts Unrechtes wollen wir tun, kein böses Wort soll uns entfahren; freundlich und mitleidig wollen wir bleiben, gütig gesinnt, ohne heimlichen Hass, und dem Menschen (der uns Böses zufügt) wollen wir mit grenzenloser friedlicher und freundlicher Gesinnung begegnen.«

Der Bodhisattva-Weg

Der Mahayana-Buddhismus entwickelte aus diesen Idealen den so genannten Bodhisattva-Weg. Als Bodhisattva wird ein erleuchteter Mönch bezeichnet, der auf das Eingehen ins Nirwana verzichtet, um möglichst vielen Menschen den Weg zur Selbstbefreiung zu zeigen. Diese Gesinnung wird in den Bodhisattva-Gelübden ausgedrückt: »Ich nehme die Last des Leidens auf mich. (...) Wie zahllos die Menschen auch sein mögen – ich gelobe, sie alle zu retten.« Entschlossenes Streben nach eigener Vollkommenheit muss immer mit selbstloser Hilfe für andere Menschen zusammengehen. Viele Buddhisten, die mit dem Christentum in Berührung kommen, verstehen Jesus als einen solchen Bodhisattva und fühlen sich durch das christliche Glaubensbekenntnis, dass Christus gekommen sei, die Schuld der Welt auf sich zu nehmen und durch seinen Tod die Menschen zu erlösen, an das Bodhisattva-Gelübde erinnert.

Die Szene zwischen Buddha und Ananda berührt eigenartig. Auch wenn sie in den Bereich der Legende gehört, spiegelt sie doch einen Wesenszug der buddhistischen Lehre, der oft übersehen wird. Buddha liegt auf dem Sterbebett. Ananda, mehr als 20 Jahre sein Diener und engster Vertrauter, wird von Schmerz und Trauer ergriffen. Es scheint, als wolle Buddha nur ein Wort des Trostes zu ihm sagen. Aber die wenigen Worte sind von grundlegender Bedeutung. Maitreya, von dem hier die Rede ist, stellt im Buddhismus eine endzeitliche Heilserwartung dar, vergleichbar der Messiaserwartung im Judentum. Mit dem Kommen dieser Buddha-Verkörperung wird das Dunkel, in dem die Menschen leben, dem Licht weichen und die Befreiung aus dem Kreislauf der Wiedergeburten für alle Menschen erreicht. Leid und Schmerz, aber auch Freude und irdisches Glück werden in einer anderen Wirklichkeit aufgehen.

Was sollte, so könnte man fragen, in dieser Endzeit noch eine Lehre und ein Schüler? Warum sollte Maitreya sterben, warum sein Schüler weinen, warum jemand ein Trostwort sprechen? Sind das nicht alles Dinge, die überflüssig werden, wenn das Ende der Welt gekommen ist?

Namen sind nur Worthülsen, man darf sich nicht an sie klammern. Buddha, Maitreya oder Ananda – das sind vergängliche Namen. Aber immer wieder, so sagt Buddha, wird sich zwischen zwei Menschen dasselbe ereignen wie zwischen uns in diesem Augenblick: Jemand ist krank und ein anderer schüttelt sein Kissen auf. Einer liegt im Sterben und ein anderer hält seine

Hand. Diese ganz einfachen zwischenmenschlichen Vollzüge sind es, die das Leben ausmachen. Es ist derselbe Geist, der durch die Zeiten wirkt, in dir wie in mir, gestern und heute und morgen. Es ist der Geist der Mitmenschlichkeit, der Güte und Liebe, der auch am Ende der Zeit nicht aufhört oder überflüssig wird, weil er der Kern des Lebens ist.

Die Frau, die Jesus salbt, tut etwas Törichtes in den Augen der Jünger. Sie verschwendet teures Salböl, was einige Jünger empört. Könnte man das Geld nicht besser den Armen geben? Wäre das nicht im Sinne Jesu?

Bei Lukas wird diese Szene ein wenig anders geschildert: Die Frau tritt an Jesus heran und weint, wobei ihre Tränen auf seine Füße fallen (Lk 7,38). Die Evangelisten bemerken übereinstimmend, dass es sich um eine »Sünderin« gehandelt habe. Sie kommt in das Haus des Simon, wo man sich gerade zum Essen niederlässt, und versucht, Jesus die Füße zu küssen – ein im Orient übliches Zeichen der Ehrerbietung. In diesem Augenblick wird die Frau von solcher Bewegung ergriffen, dass sie in Tränen ausbricht. Ohne Zögern löst sie ihre Haare – was in Gegenwart von Männern verboten war – und trocknet Jesus die Füße. Die Verärgerung der Männergesellschaft ist offenkundig, weniger wegen des teuren Öls, sondern wegen der »unsittlichen« Berührung ihres Meisters.

Die Salbung Jesu ist eigentlich ein nebensächlicher Vorgang, den niemand hätte aufzuschreiben brauchen.

Bibelexegeten mögen darauf hinweisen, dass diese Szene als Salbung Jesu vor seinem Tode verstanden werden muss. Ich sehe ihre Bedeutung auf einer anderen Ebene. Und die ist für mich der herzliche und selbstverständliche Umgang Jesu mit der gesellschaftlich geächteten Frau, die Aufwertung dessen, was sie tut. Markus erwähnt sogar, Jesus habe gesagt, es werde nie vergessen werden. Jesus würdigt die einfache Geste, den stillen Dienst der Frau als eine liebevolle Zuwendung, wie sie tagtäglich geschieht. Was wir Menschen einander sind, wird deutlich im Händehalten, im Tränenabwischen, im Trostschenken, im Haltgeben und Aufrichten. Das wird nicht aufhören, wird niemals überflüssig werden, ist nie Verschwendung.

Soziales Engagement

Zur westlichen Kritik am Buddhismus gehört der Vorwurf, diese Religion engagiere sich im Gegensatz zum Christentum nicht auf sozialem Gebiet. Auf allen Statuen und Bildern wird Buddha mit gelöster Miene oder lächelnd dargestellt. »Wie kann er lächeln und scheinbar unbeteiligt zusehen, wenn die Menschen leiden?«, fragen viele Christen (aber auch Buddhisten). Und Hans Waldenfels ergänzt mit Blick auf einen christlich-buddhistischen Dialog: »Von Jesus wird in der Heiligen Schrift kein Lächeln berichtet, wohl aber Weinen und Empörung. Hat Jesus dem Buddha das Weinen voraus?«[31]

Man sollte mit pauschalen Urteilen vorsichtig sein. Zum einen ist zu berücksichtigen, dass der Buddhismus in einem Land und in einem kulturellen Umfeld entstand, wo es nicht die Aufgabe (und das Recht!) von Mönchen war, sich um soziale Fragen zu kümmern. In Asien ist Fürsorge für den Einzelnen noch heute vornehmlich Aufgabe der Familien und nicht des Staates oder der Religionsgemeinschaften – und funktioniert oft besser als in westlichen Staaten. Zum anderen wird man ehrlicherweise zugeben müssen, dass auch das Christentum seine gesellschaftliche Verantwortung sehr spät entdeckt hat. Die meisten caritativ tätigen Orden entstanden erst in den letzten 300 Jahren, und die katholische Soziallehre wurde Ende des 19. Jahrhunderts entwickelt. Vielleicht hat der Buddhismus einen gewissen Nachholbedarf, aber es wäre abwegig, aus der buddhistischen Lehre ableiten zu wollen, der Begriff der Nächstenliebe oder des sozialen Engagements habe hier keinen Platz. Gerade in den letzten Jahrzehnten gibt es viele Beispiele, dass sich buddhistische Mönche und Laien intensiv an politischen und sozialen Auseinandersetzungen und Reformen in ihren Ländern beteiligt haben.

Von Buddha wird berichtet, er habe in einem Kloster einen von der Ruhr befallenen Mönch gefunden, der in seinem Schmutz lag und um den sich niemand kümmern wollte. Daraufhin habe Gautama selbst die

Pflege des Kranken übernommen und den beschämten Mönchen zugerufen: »Wer kommen würde, um mich zu pflegen, wenn ich krank wäre, der soll jetzt kommen und sich dieses Mitbruders annehmen.« Hören wir hier nicht auch die Worte Jesu: »Was ihr für einen meiner geringsten Brüder getan habt, das habt ihr mir getan« (Mt 25,40)? Buddha und Christus sind gemeinsam unterwegs, um Kranke zu heilen, Trauernde zu trösten, Gefangene zu befreien und den Armen die Frohe Botschaft zu bringen. Und am Ende der Tage werden sie uns fragen: »Wo warst du?«

Auferstehung oder Nirwana?

Der Weg zum Leben

Ohne alle Regung ging Buddha ein zur Ruhe,
der Herr des Schweigens,
als er von uns schied. Mit einem Geist,
der frei war von Irdischem, ertrug er gefasst
den Todesschmerz. Wie das Verlöschen eines
Lampenlichtes war seines Geistes
Lösung anzuschauen.

Buddha-Legende

Als Jesus nach Betanien kam, fand er Lazarus
schon vier Tage im Grab liegen.
Als Marta hörte, dass Jesus komme,
ging sie ihm entgegen und sagte:
»Herr, wärst du hier gewesen,
dann wäre mein Bruder nicht gestorben.«
Jesus sagte zu ihr:
»Dein Bruder wird auferstehen.
Wer an mich glaubt, wird leben,
auch wenn er stirbt.«

Johannes 11,17–23

Die Erzählung von der Auferweckung des Lazarus ist eines der bewegendsten Kapitel des Neuen Testaments. Lazarus, ein Freund Jesu, ist schwer erkrankt. Als Jesus davon erfährt, bricht er mit seinen Jüngern nach Judäa auf. Natürlich hoffen die Jünger auf ein Wunder. Könnte Jesus seinen Freund nicht von der Krankheit heilen, so wie er andere geheilt hatte? Doch als sie in Betanien ankommen, ist es zu spät: Lazarus ist tot. Auf dem Weg zum Grab trifft Jesus die Schwester des Lazarus, die ihm zu Füßen fällt und mit tränenerstickter Stimme sagt: »Herr, wärst du hier gewesen, dann wäre mein Bruder nicht gestorben.« Und der Evangelist fährt fort: »Als Jesus sah, wie sie weinte und wie auch die Juden weinten, die mit ihr gekommen waren, war er im Innersten erregt und erschüttert. Er fragte: Wo habt ihr ihn bestattet? Sie antwortete ihm: Herr, komm und sieh! Da weinte Jesus. Die Juden sagten: Seht, wie lieb er ihn hatte.«

Jesus weint. Es ist die einzige Stelle in den Evangelien, wo berichtet wird, dass Jesus weinte. Der Tod seines Freundes trifft ihn im Innersten, er ist erschüttert. Nur in der Nacht im Garten von Getsemani wird von einer ähnlich emotionalen Ergriffenheit Jesu berichtet. Dort sieht sich Jesus mit seinem eigenen Tod konfrontiert, hier geht es um seinen Freund. Beide Beispiele machen deutlich: Jesus ist ganz Mensch. Er steht nicht über den Dingen, ist kein Stoiker, der Leid und Tod gleichmütig über sich ergehen lässt – auch nicht vor dem Hintergrund der Botschaft von der Auferstehung.

Jeder von uns ist konfrontiert mit dem Tod, und zwar ein Leben lang, wenn auch in unterschiedlicher Intensität. Die Vergänglichkeit des Menschen beschäftigte auch die Propheten und Weisen des Alten Testamentes. Im Buch der Weisheit heißt es: »Wie wenn ein Schiff durch die wogende Flut fährt: ist es vorbeigezogen, bleibt keine Spur mehr. So sind wir ins Dasein getreten, um hinzuschwinden.« (Weish 5,10) Ganz ähnlich lautet ein buddhistisches Gedicht: »Was ist unser Leben? Wie ein Boot, in der Frühe hinausgerudert: keine Fährte bleibt.« Der Mensch, aus Staub gemacht, kehrt wieder zum Staub zurück (Ps 90,3). Das Todesreich ist eine finstere Grube in den Tiefen der Erde – dem Himmel und damit der Sphäre Gottes unendlich weit entrückt. Ijob klagt: »Ich habe keine Hoffnung. Die Unterwelt wird mein Haus, in der Finsternis breite ich mein Lager aus.« (Ijob 17,13f) Erst die Spätschriften des Alten Testaments sprechen davon, dass Gott »den Tod für immer verschlingt« (Jes 25,8), dass die Toten auferstehen werden. Es ist die Verfolgungssituation, in der sich das Volk Israel befindet, die eine Empfindung für Gottes Bundestreue über den Tod hinaus wachsen lässt. Das Judentum entwickelte jedoch nie eine eindeutige Vorstellung über das Geschehen nach dem Tod. Im Laufe der Geschichte bildeten sich zwei Lehrmeinungen: Die eine nahm die Auferstehung der Toten an, d.h. Leib und

Seele des Menschen sterben, werden aber in der messianischen Zeit wieder belebt und leiblich auferstehen (vgl. Dan 12,2). Die andere Lehrmeinung ging von der Unsterblichkeit der Seele aus und davon, dass die Seele nach dem Tod unabhängig vom Körper weiterlebt. Zur Zeit Jesu stritten sich Sadduzäer und Pharisäer über diese Lehre, wie wir in der Apostelgeschichte erfahren: »Die Sadduzäer behaupten nämlich, es gebe weder eine Auferstehung, noch Engel noch Geister; die Pharisäer dagegen bekennen sich zu all dem.« (Apg 23,8) In Betanien setzt Jesus mit der Auferweckung des Lazarus ein Zeichen. Der Evangelist Johannes liefert eine Begründung für sein Handeln: »Wegen der Menge, die um mich herum steht ... Sie sollen glauben, dass du (Gott) mich gesandt hast.« Gott kann Tote lebendig machen – in dieser Welt und auch in der zukünftigen. Jesus erweckt Lazarus also nicht allein aus Mitleid mit seinem Freund, sondern um die Menschen zum Glauben zu bewegen und – wie viele Exegeten meinen – auf seine eigene Auferstehung hinzudeuten. Jesus sagt den Trauernden am Grab des Lazarus: »Wer an mich glaubt, wird leben, auch wenn er stirbt, und jeder, der lebt und an mich glaubt, wird auf ewig nicht sterben.«

Das »ewige Leben«, das Bei-Gott-Sein ist die letzte Bestimmung des Menschen. Christlicher Glaube steht und fällt mit der Wahrheit der Auferstehung Jesu. Paulus schreibt der Gemeinde in Korinth: »Wenn es keine Auferstehung der Toten gibt, ist auch Jesus nicht auferweckt worden. Ist aber Jesus nicht auferweckt worden, dann ist unsere Verkündigung leer und euer Glaube sinnlos.« (1 Kor 15,13f)

Verlöschen oder ewiges Leben?

Der Buddhismus kennt keine Auferstehung. Buddha starb – im Gegensatz zu Jesus – im Alter von 80 Jahren ganz unspektakulär an einer Lebensmittelvergiftung. Er hatte seinen Tod zuvor angekündigt. »Die Zeit ist da; in drei Monaten wird der Vollendete ins Nirwana (Nichts) eingehen.« Und weiter heißt es in der Buddha-Legende: »Dann zog er mit seiner Jüngerschar bis in das Gebiet von Kusinara, wo es einen Hain gab, der ›Heimkehr-Garten‹ genannt wird. Am Ziel angelangt bat er seinen Diener Ananda, ihm im Schatten von zwei Bäumen das Sterbelager zu bereiten. Dann legte er sich wie ein Löwe auf die rechte Seite, den einen Fuß über den anderen, in klarer Besinnung und mit wachem Bewusstsein.«

Ananda, der erkennt, dass die letzte Stunde des Buddha gekommen ist, geht in das Gemeindehaus und bricht in Tränen aus. Buddha aber tröstet ihn und die anderen Schüler mit seinen letzten Worten: »Vergänglich sind alle Gebilde – strebt ohne Unterlass.«

Für Buddha bedeutete der Tod die letzte Station eines langen Leidensweges, das Ende der Karma-Verstrickungen. Sterben ist ein sanftes Verlöschen und Aufgehen in ein Nichts. Der Körper zerfällt in seine chemischen Bestandteile, und es gibt keine Seele, die auferstehen und ewiges Leben erlangen könnte. »Das Leben ist ein Traum und das Sterben ebenfalls«, heißt es in einem buddhistischen Gedicht. »Berge, Erde, Sonne, Mond, Glaube, Hoffnung, Glück – alles ist vergänglich. Die vier Elemente – Feuer, Wasser, Luft und Erde – kommen zusammen und gehen wieder auseinander, auf dass nichts für immer Bestand habe.«

Buddhas Lehre steht im schroffen Gegensatz zur Sehnsucht der Menschen nach ewigem Leben. Viele seiner Anhänger waren damit nicht zufrieden. Man wollte sich – trotz einer oft leidvoll empfundenen Existenz – nicht abfinden mit dem Ende des Ichs – eine Entwicklung, die ganz der Einschätzung Buddhas über das Wesen des Menschen entsprach: »Wenn er hört, der Buddha lehrt die Entwurzelung aller Begierde, die Vernichtung des Lebensdurstes, das Aufhören und Verlöschen, dann denkt er: Ach, ich soll zerstört und vernichtet werden, ich soll nicht existieren! So trauert und klagt er, schlägt sich an die Brust und verzweifelt.« (22. Sutra)

Es ist also nicht verwunderlich, dass sich im Laufe der Jahrhunderte gewisse Vorstellungen von einem Weiterleben nach dem Tod entwickelten, etwa in der »Lehre vom Reinen Land«, die an die bereits erwähnte Bodhisattva-Tradition anknüpft. In Japan entstanden gegen Ende der Heian-Zeit (9.–12. Jh.) verschiedene buddhistische Sekten, die die Verehrung Amidas, einer Buddha-Reinkarnation, als Heilsweg lehrten. Amidas Anhänger – seit dem Mittelalter die zahlenmäßig stärkste Richtung des japanischen Buddhismus – vertrauen auf seinen berühmten Schwur, alle Lebewesen in sein »Reines Land« zu retten. Bedingung für die Rettung ist aufrichtiger Glaube, der sich in der Anrufung seines Namens kundtut. »Namu amida butsu – Ich ehre den Amida-Buddha.« Christen verwechseln diese Anrufung oft mit einem Fürbittgebet, etwa einem »Bitte für uns, Maria«. Doch ein buddhistischer Meister erklärt: »Da ist niemand, zu dem und nichts, um das wir beten. Alles, was wir tun können, ist zu uns selbst zu ›beten‹, dass wir so leben mögen, dass der Friede in uns gefördert wird.«

Der Buddhismus kennt drei Symbole, die die Geburt, die Erleuchtung und das Nirwana versinnbildlichen. Es sind zugleich die drei Stellungen, die der Körper des Menschen einnehmen kann: Stehen, Sitzen und Liegen. Bei seiner Geburt steht Gautama Buddha auf und erklärt: »Das ist meine letzte Geburt; es wird keine Wiedergeburt mehr geben.« Unter dem Bodhibaum sitzt Buddha in Versenkung und erkennt die Ursachen für das Leiden und die Möglichkeit, das Karma-Gesetz zu durchbrechen. Am Ende seines Lebens liegt Buddha im Hain von Kusinara und geht friedlich in das »Nichts« ein. Das wichtigste Symbol des Christentums, das Kreuz Christi, ist dagegen ein Zeichen des Leidens, der Aufbegehrens und des Kampfes. Für viele Buddhisten ist das Kreuz ein erschreckender Anblick. Ihr Buddha lächelt. Seine Weltanschauung führt zu einer ruhigen Gelassenheit gegenüber Leben und Tod, die wir westlichen Menschen nur schwer nachvollziehen können. Dem Buddhismus ist oft unterstellt worden, die Welt als Täuschung und Illusion zu betrachten und das Leben deshalb gering zu schätzen. Dabei wird übersehen, dass Buddha nicht behauptet, alles sei nur Schein und die Welt existiere nicht wirklich, sondern dass die Sinne uns täuschen und uns eine Welt vorgaukeln, die es so nicht gibt. Wie die Welt wirklich beschaffen ist, dazu schweigt Buddha, denn es gibt nach seiner Lehre keine Möglichkeit einer objektiven Erkenntnis. Auch die modernen Naturwissenschaften können die Welt nicht erklären, sie beschreiben sie nur. Mit der Frage nach einem »Sinn« oder einem letzten Grund lassen sie uns allein.

In den Wandel eintreten

Für Jesus wie für Buddha ist die Unbeständigkeit und Vergänglichkeit des Lebens eine Grunderfahrung. Jesus sieht die Ursache für die leidvolle Existenzlage des Menschen in der Sünde, Buddha im Lebensdurst und in der Unwissenheit. Jesus glaubt an einen persönlichen Gott, einen »Vater im Himmel«, an die Notwendigkeit der Erlösung, Buddha dagegen erwartet das Heil von keiner göttlichen Macht. Was er verkündet, ist »eine Lehre, die der Weise in sich selbst findet« (38. Sutra). Buddha kommt nicht zu dem Schluss, es sei für den Menschen besser, nicht geboren zu werden oder nicht zu existieren. Vielmehr: Da alles unbeständig und vergänglich ist, wird auch das Leidhafte vergehen, das Krankhafte erkranken, der Verfall verfallen, der Tod aussterben. Das heißt positiv ausgedrückt: Weil sich alles verändert, gibt es einen Weg der Befreiung. Wir müssen nur bereit sein, uns auf diese Veränderung einzulassen. Für Buddha ist die Auffassung, das »Ich« jedes Menschen sei ein unwandelbares Etwas, eine Konstante in einer sich wandelnden Welt, eine Selbsttäuschung. Das »Leben Buddhas« ist die ständige Veränderung, welcher der ganze Kosmos und alle Lebewesen unterworfen sind. Geburt und Tod sind »Eintreten in den Wandel«. Diesen Wandel sieht Buddha als das einzig »Beständige« in der Welt. Wie und wohin sich alles verändert, diese Frage beantwortet er nicht. »Manche Brahmanen beschuldigen mich, ich sei ein Nihilist«, sagt Buddha im 22. Sutra. »Sie behaupten, ich lehrte die Zerstörung, die Vernichtung, die Nichtexistenz des wahren Wesens. Sie beschuldigen mich also dessen, was ich nicht lehre. Denn nach wie vor lehre ich nur, was Leiden oder Übel ist und wie es aufhört.«

Der englische Philosoph, Mathematiker und Nobelpreisträger Bertrand Russell hielt einmal einen Vortrag über die Entstehung des Weltalls. Als er geendet hatte, stand hinten im Hörsaal eine ältere Dame auf und sagte: »Herr Professor, alles, was sie da erzählen, ist falsch. In Wirklichkeit ist die Erde eine flache Scheibe, die von einer Schildkröte auf dem Rücken getragen wird.« Und als Russell die schlaue Gegenfrage stellte, worauf denn diese Schildkröte stehe, antwortete die Frau: »Das will ich Ihnen wohl sagen: Sie steht auf einer anderen Schildkröte.«

»Alle Dinge kehren zu dem Einen zurück«, stellt ein buddhistischer Mönch fest, indem er ein Buddha-Wort zitiert. »Wohin aber kehrt das Eine zurück?«, entgegnet der Meister und verweist damit auf das Problem des unendlichen Zurückschreitens des Denkens (regressus ad infinitum). Jede Antwort auf die Frage nach der letzten Wirklichkeit (oder nach Gott) beschwört nur eine neue Frage herauf: Was war vor Gott? Irgendwann muss diese Art des Fragens aufgeben werden. Eine Antwort auf die »letzten Dinge« ist unmöglich. Wenn es sie gäbe, entzöge sie sich unserer Vorstellungskraft und der Möglichkeit, sie zu versprachlichen. Auch Jesus kann die Antwort nur mit einem einzigen Wort andeuten: Abba – Vater!

Anmerkungen

1 zitiert nach: Ingeborg Bachmann: *Gedichte, Erzählungen, Hörspiele, Essays.* München 1964

2 zitiert nach: Johannes Baptist Bauer: *Die neutestamentlichen Apokryphen.* Düsseldorf 1968, S. 37

3 zum Begriff der Gnosis: Hans Conzelmann, Andreas Lindemann: *Arbeitsbuch zum Neuen Testament.* Tübingen ^{13}2000, S.174 ff.

4 Josef Quint (Hrsg.): *Meister Eckehart. Deutsche Predigten und Traktate.* München 1979, S. 206

5 Roman Bleistein (Hrsg.): *Alfred Delp: Gesammelte Schriften. Band* 4. Frankfurt 1984

6 Heinrich Dumoulin: *Der Erleuchtungsweg des Zen im Buddhismus.* Frankfurt a.M. 1976, S.15

7 siehe Louis Kretz: *Der Reiz des Paradoxen bei Jesus.* Olten 1983, S. 89

8 zitiert nach: Anton Rotzetter, Elisabeth Hug (Hrsg): *Franz von Assisi – Die Demut Gottes. Meditationen, Lieder, Gebete.* Zürich, Einsiedeln, Köln 1977

9 ebd.

10 Martin Buber: *Die Erzählungen der Chassidim.* ^{10}Zürich 1987, S. 447

11 zitiert nach: Hugo M. Enomiya-Lassalle: *Zenmeditation.* Zürich 1975, S. 63f.

12 ebd. S. 158

13 Roman Bleistein (Hrsg.): *Alfred Delp. Gesammelte Schriften. Band* 4. Frankfurt 1984

14 Martin Buber: *Die Erzählungen der Chassidim.* ^{10}Zürich 1998, S. 821

15 siehe Heinrich Kahlefeld: *Die Gestalt Jesu in den synoptischen Evangelien.* Frankfurt a.M. 1981, S. 18

16 Karlfried Graf Dürckheim: *Zen und wir.* Frankfurt a.M. 1972, S. 81

17 Hugo M. Enomiya-Lassalle: *Zenmeditation.* Zürich 1975, S. 107f.

18 Karlfried Graf Dürckheim: *Zen und wir*. Frankfurt a.M. 1972, S. 88
19 Martin Buber: *Die Erzählungen der Chassidim*. [10]Zürich 1987, S. 818
20 zitiert nach: *Weißt du, dass die Bäume reden. Weisheit der Indianer*. Freiburg 1983, S. 47
21 Rainer Maria Rilke: *Das Stundenbuch I*. 1899
22 zitiert nach: Anton Rotzetter, Elisabeth Hug (Hrsg.): *Franz von Assisi – Die Demut Gottes. Meditationen, Lieder, Gebete*. Zürich, Einsiedeln, Köln 1977
23 zitiert nach: Johannes Baptist Bauer: *Die neutestamentlichen Apokryphen*. Düsseldorf 1968, S. 16
24 Martin Buber: *Die Erzählungen der Chassidim*. [10]Zürich 1987, S. 590
25 Codex D zu Lukas 6,5
26 siehe Rüdiger Müller: *Wandlung zur Ganzheit*. Freiburg 1981, S. 90
27 Willi Massa: *Kontemplative Meditation*. Mainz 1974, S.105
28 Josef Quint (Hrsg.): *Meister Eckehart. Deutsche Predigten und Traktate*. München 1963, S. 304
29 Martin Buber: *Die Erzählungen der Chassidim*. [10]Zürich 1987, S. 782
30 siehe dazu Ikkyu Sojun: *Im Garten der schönen Shin*. Düsseldorf 1979
31 Hans Waldenfels: *Faszination des Buddhismus*. Mainz 1982, S. 11f.

Alle Texte aus dem Pali-Kanon wurden zitiert nach der Übersetzung von Kurt Schmidt: *Buddhas Rede*. Hamburg 1961; alle Texte aus dem Mumonkan nach: Heinrich Dumoulin (Hrsg.) *Mumonkan – Die Schranke ohne Tor*. Mainz 1975; alle Texte aus dem Alten und Neuen Testament nach der Einheitsübersetzung der Heiligen Schrift, Stuttgart 1980.